Respuestas
a tu ansiedad

Respuestas a tu ansiedad

Todo lo que necesitas para superar
la ansiedad y el miedo

Gio Zararri

VERGARA

Papel certificado por el Forest Stewardship Council®

MIXTO
Papel procedente de
fuentes responsables
FSC
www.fsc.org   FSC® C117695

Penguin
Random House
Grupo Editorial

Primera edición: marzo de 2021

© 2021, Gio Zararri
© 2021, Penguin Random House Grupo Editorial, S. A. U.
Travessera de Gràcia, 47-49. 08021 Barcelona

Printed in Spain – Impreso en España

ISBN: 978-84-18045-62-2
Depósito legal: B-20.627-2020

Compuesto en M. I. Maquetación, S. L.

Impreso en Impreso en Romanyà Valls, S.A.
Capellades (Barcelona)

VE 4 5 6 2 2

A mis sobrinos Miren, Martina, Beñat,
Kattalin, Luka, Aimar y Martín,
las más bonitas respuestas que da la vida...
Todo tiene orden y sentido,
y por eso estáis aquí

ÍNDICE

PRÓLOGO

Tengo el honor y el gran placer de escribir el prólogo de esta tercera entrega de una trilogía increíble, que sin duda alguna puede suponer el camino hacia el fin de tu ansiedad y hacia la reconciliación con tus miedos y tu verdadero ser.

Comenzaré por honrar al autor, ya que puedo sostener como profesional que, cuando uno habla desde la propia experiencia y el autoconocimiento, la sabiduría es inmensa, y que las enseñanzas que Sergio nos trae a partir de su camino de descubrimiento, de sufrimiento, de dolor, de superación y de comprensión de la ansiedad han propiciado la creación de bellas obras de arte. En ellas podemos mirar a los ojos a la temida ansiedad y comprender su función, así como determinar cuál es nuestro camino personal en la recuperación.

Todas las personas pasamos por malos momentos y dificultades, así es la vida, la condición humana. Y una de esas grandes dificultades vitales se llama ansiedad y es experimentada por casi todo el mundo, en mayor o menor medida, a lo largo de su vida. Por eso merece mucho la pena arrojar luz sobre ella, darle visibilidad y normalizar el tratamiento de una vivencia que nos resta mucha vida, para conseguir así comprenderla y perderle el miedo.

Ya lo dijo María Curie: «No hay nada que temer, sino mucho que aprender». En la mayoría de las ocasiones, cuando nos encontramos mal o cuando empezamos a sentir desazón, comenzamos a experimentar sensaciones de miedo, angustia y ansiedad y llega el sufrimiento. En otras ocasiones esta ansiedad viene sin que nos demos cuenta y nos pilla por sorpresa. Cuántas preguntas nos hacemos entonces, tratando de resolver lo que nos está pasando.

Estas preguntas a menudo no tienen respuesta, o en los momento en que nos las hacemos no podemos encontrarla fácilmente. Se trata de preguntas muy humanas, del tipo «¿qué me sucede?», «¿por qué a mí?», «¿me estaré volviendo loco?»… Preguntas que, sin la ayuda de un profesional, de un libro o de los recursos necesarios, a veces pueden aumentar nuestro malestar y generarnos un mayor sufrimiento. Y aquí es donde entra en juego el *miedo*, pero no ese miedo sano que nos protege y avisa, sino el miedo al miedo, el miedo anticipatorio, el miedo irracional, el miedo que nos paraliza frente a situaciones que, paradójicamente, cuando las analizamos, nos parecen aún más contradictorias. Preguntas como por qué le tengo tanto temor a un perro, por qué me da miedo subir a un ascensor, o por qué me genera pánico un concierto o conducir, si nunca me ha pasado nada en esas situaciones que puede que incluso me agradasen antes de temerlas de manera tan irracional.

Estas preguntas que todos podemos llegar a hacernos van alimentando nuestro temor, alimentando ese miedo al miedo que nos hace sentir y creer que algo muy peligroso nos sucederá en cualquiera de esos contextos. Es la manera que tenemos de intentar protegernos de ellos, generando todas las respuestas vitales de defensa o huida. Pero el gran objetivo es convertir esto que nos sucede en un mensaje que tenga sentido para nosotros, para nuestra vida, cómo entender lo que esa ansiedad quiere decirnos sobre nuestro cuerpo y nuestro *ser*. Estas son las grandes cuestiones centrales para comenzar a abordar existencialmente y de una manera sana a la ansiedad.

Por tanto, qué importante es que nos hagamos preguntas para poder avanzar y crecer, claro que sí, pero qué importante es también poder responderlas o al menos centrarnos tan solo en las interrogantes que nos ayuden a encontrar la dirección oportuna en nuestro camino de autoayuda.

En el caso de la ansiedad, cuando uno aún no sabe reconocerla adecuadamente, cuando uno la vive como un castigo, o cuando uno cree que ha enloquecido, el hecho de encontrar en un libro, en una persona, en una historia o en un profesional las respuestas o la ayuda necesaria —la claridad que le falta— puede suponer uno de los mejores regalos de vida.

Considero muy importante poder dar un sentido existencial a la ansiedad, encontrar un camino de autocuidado o de atención amorosa hacia uno mismo, incluso de cara a la toma de determinadas decisiones vitales. Pero hay un trabajo previo, el de aprender también a sumergirnos en ese miedo y conocer las herramientas de afrontamiento de lo que nos genera ansiedad, para lo cual a veces hay que transitar y comprender el miedo, la angustia y el pánico. Así es cómo resulta posible comprobar que nada de lo que ocupa nuestra cabeza es más grave que las sensaciones que experimentamos de *miedo* extremo.

En ocasiones las sensaciones de miedo y angustia se forjan cuando las vivimos en repetidas ocasiones y a menudo se agrandan por el intento de evitar esa determinada circunstancia, porque en ese intento vamos reduciendo progresivamente nuestro mundo y nuestras capacidades. Esto no solo nos daña emocionalmente, sino que también reduce nuestra sensación de capacidad y afecta a nuestra autoestima. Por eso es importante saber que se trata de estados momentáneos derivados del miedo y de las sensaciones de incapacidad generadas por la ansiedad, y tener claro que de ahí también se sale, que únicamente es necesario tomar una decisión y ponerse a ello.

Como profesional considero que, antes de iniciar un proceso de intervención, al tiempo que se ofrecen unas pautas de recomendación, es importante comprender el momento vital en el que está la persona, para así poder valorar si el camino es de afrontamiento inmediato con terapia, si es el momento de comenzar y aprender a cuidarse y fortalecerse, si ha llegado la hora de empezar a comprender.

Está claro que libros como los de Gio acercan a todas estas variables y nos servirán de apoyo para que podamos comenzar a saber y a autoconocernos, para desde ahí encontrar esas respuestas con las que los primeros síntomas de miedo se irán apaciguando, simplemente porque habremos aclarado nuestra visión de lo que nos sucede. Es importante determinar el tipo de caso y en qué momento se está del proceso, pero lo que sí es común a todas las vivencias es que la ansiedad no gestionada genera sufrimiento, y que el autocuidado es uno de los grandes aliados para superarla. Si además disponemos de un manual que sea nuestro compañero y nos ayude a responder a las preguntas que nos vayamos haciendo, ese volumen se convertirá en una gran herramienta que puede suponer el *fin* real de la ansiedad. Así aprenderemos a convivir con ella, a concederle unas vacaciones y un respiro al sufrimiento.

Siempre que alguien acude a mi consulta con este malestar, que ya se ha convertido en sufrimiento, lo hace porque esa ansiedad —experimentada por más del 90% de las personas en la actualidad— le resulta muy limitante. Es también muy habitual la falta de orientación y de recursos para poder tratarla, abordarla y conocerla, lo cual revierte en un mayor sufrimiento y en que la persona se sienta aún más enferma.

Por esto sé lo importante que es poder conocer de cerca la ansiedad, que es lo que se propone y consigue nuestro autor, para aliviar parte de ese dolor con las respuestas adecuadas a las preguntas de las que hablábamos antes.

Tras *El fin de la ansiedad*, con el que Gio nos permitió conocer de cerca la ansiedad y sus causas, llegó un segundo libro, *El arte de cuidarte*, sobre este amable y amoroso acto de comenzar a priorizar el autocuidado, un gesto fundamental para nuestra salud no solo física sino emocional.

Además de ayudarnos a conocer la ansiedad al detalle, a aprender a autocuidarnos, Sergio nos regala ahora un tercer volumen lleno de preguntas y respuestas, cuestiones que toda persona se plantea cuando padece ansiedad y, sobre todo, cuando esta le genera dolor y condiciona su día a día.

Sin duda alguna, estás ante una obra que será un regalo para tu vida y, como suelo decir, una inversión en ti mismo que nadie nunca te podrá quitar.

ANA ASENSIO
Psicóloga y doctora en Neurociencia
Autora del libro *Vidas en positivo*
www.vidasenpositivo.com
@vidas.enpositivo

LA TRILOGÍA
EL FIN DE LA ANSIEDAD

Respuestas a tu ansiedad es el tercer libro de mi trilogía sobre la ansiedad, que comencé hace algunos años con *El fin de la ansiedad*. He pensado que podía resultar interesante resumir cómo hacer uso de los tres libros para que te ayuden a observar este problema de una manera mucho más positiva. Quiero advertirte de antemano que <u>cualquiera de los tres libros de esta trilogía puede leerse de manera independiente. No existe un orden establecido para su lectura y los tres están destinados a ayudarte a ti —o bien a un ser querido que sufra este trastorno— a poner fin a la ansiedad.</u>

- En *El fin de la ansiedad* narro mi experiencia junto a la ansiedad y cuál fue el camino que tomé, una experiencia de superación y cambio que mejoró muchos aspectos de mi vida. Si lo lees, podrás comprender no solo que este trastorno tiene fin y puede superarse, sino también cuál es la finalidad o motivo por el que esta emoción desorbitada ha llegado a tu vida, y la necesidad de que realices un cambio.

- En mi segundo libro, titulado *El arte de cuidarte,* he profundizado en el trastorno de ansiedad y los conflictos emocionales con el fin de ofrecer los mejores remedios (científicamente demostrados y personalmente comprobados) para mantener a raya este tipo de problemas. Si sufres ansiedad, o cualquier clase de conflicto emocional, en este libro encontrarás las mejores herramientas para recuperar el control y no volver a perderlo nunca más.

- Y en *Respuestas a tu ansiedad,* como indica el título, encontrarás las respuestas que puedes necesitar para recuperarte y relajarte si sufres ansiedad. Se trata de un manual que te servirá para comprender cuáles son los temores más comunes que surgen con este trastorno y para tratar este problema cuando empieza a controlarte. Cuando esto ocurra, cuando tus niveles de ansiedad aumenten y sientas que te vence el pánico, estas respuestas sinceras y objetivas te ayudarán a recuperar la calma. Se trata de una especie de autoafirmaciones positivas o de píldoras ansiolíticas que te servirán para recuperar el control y a seguir trabajando para superar tu ansiedad.

Estos libros van a recordarte y ayudarte
a apreciar que siempre tienes la posibilidad
de mantener el control en tu vida,
por mucho que los temores irracionales
de tu ansiedad te hagan *temer* lo contrario.

INTRODUCCIÓN

La vida bien podría entenderse como un viaje, una aventura compuesta de experiencias que nos hacen ser como somos y pensar como pensamos.

Madurar supone muchas cosas, pero tal vez la más importante sea adquirir esa independencia emocional y racional respecto a la vida de los otros para aprender a crear la nuestra propia. Madurar es crecer, reconocer muchas de las lecciones de la vida para ir poniéndolas en práctica, así como aprender a ser responsables de nuestra felicidad y de nuestros problemas y necesidades.

Siempre estaremos aprendiendo y será durante este crecimiento continuado cuando podremos apreciar que no existe mayor maestra que la vida, ya que a través de ella obtenemos las enseñanzas más valiosas, esas que nos ayudan a vivir de una manera más positiva. Llegarán momentos complicados en los que nos tocará caer, y deberemos entonces aprender a levantarnos. Y cuanto más responsables nos sintamos y mejor reaccionemos al dolor, más rápido sabremos responder a esos problemas de los que también está hecha la vida.

Pensando en esta necesidad de responder a las dificultades, creo que no existe un indicador más potente que el que sentimos a través de nuestras emociones. La *tristeza* nos anima a valorar y recordar, buscar ayuda y aprender a soltar; el *miedo*, por su parte, nos incita a protegernos y reconocer peligros; mientras que el *amor*, por el contrario, nos impulsa a confiar, a fluir con la vida e ilusionarnos. Las emociones que nos acompañan son muchas, y gracias a ellas podemos saborear la belleza de este mundo y disfrutarlo.

Seguramente no existiría la felicidad si no existiera el dolor, y cuando surge este último es necesario reaccionar, aprender y desarrollar herramientas que nos sirvan para superarlo. El sufrimiento genera cambios en nuestro mundo emocional con el fin de llamar nuestra atención, y así surgen también los conflictos emocionales.

En el caso del trastorno de ansiedad, esta llamada de atención aparece cuando se acciona el mecanismo de alarma por excelencia en los seres humanos para que actuemos ante un peligro que realmente no existe. Este desorden se activa por uno o varios errores tanto de percepción como de experiencia, una bomba emocional que necesitará ser escuchada y atendida si queremos recuperarnos.

Si hacemos caso a estas señales de advertencia, la ansiedad dejará de molestarnos, ayudándonos a realizar esos cambios que nuestra vida quería para nosotros. Pero en el caso de que no actuemos o ignoremos esta emoción y sus síntomas, el problema se acentuará.

Tarde o temprano terminas por darte cuenta de que nada cambia si tú no cambias; por tanto, si quieres volver a sentirte bien, no tienes más remedio que observar el problema con otra mentalidad, descubrir tus errores y trabajar para mejorar esos aspectos de tu vida que te mantienen alterado.

Ese será el modo en que podrás poner fin a tu ansiedad. Se trata de una lección, fruto de mi experiencia junto a este trastorno, que he intentado reflejar en mis libros y me ha ayudado a observar el problema desde otra perspectiva para conseguir desterrar el principal ingrediente de la ansiedad: el *miedo*.

El miedo es la emoción que activa la ansiedad, la mantiene y también hace que aumente, convirtiéndose en trastorno y pudiendo complicar la situación durante más tiempo del necesario. Estos temores son de diversa naturaleza, miedos irracionales y excesivos como los derivados de no saber *si este problema tiene fin, si puede superarse o si sufrimos otra enfermedad distinta,* temores que si no aprendemos a calmarlos no harán otra cosa que potenciar el trastorno y sus síntomas, manteniéndonos ansiosos.

Cuando convivimos con la ansiedad, una leve turbulencia en un viaje en avión puede hacernos creer que va a ocurrir un accidente aéreo, un simple dolor de cabeza nos lleva a pensar que vamos a sufrir un derrame cerebral, o cualquier tipo de exposición pública por tranquila que sea hará que temamos ser linchados. Estas y otras preocupaciones, por increíbles que parezcan, forman parte de esa interminable lista de posibles catástrofes que trae consigo este trastorno, son preocupaciones que activan el círculo vicioso de la ansiedad y los pensamientos negativos. Esta rueda solo podremos pararla con la información adecuada, respondiendo con la verdad a todas esas dudas irreales y exageradas, hasta descubrir que esos enormes monstruos que dan forma a nuestros miedos no son otra cosa que sombras de ridículas preocupaciones distorsionadas por nuestro estado de alarma alterado.

Este libro ha nacido de esa necesidad de eliminar los miedos irracionales que mantienen y potencian tu ansiedad. A modo de manual, intento dar respuesta a los temores más comunes y angustiosos que trae consigo el trastorno. Se trata de unas preocupaciones que yo he tenido y generaron en mí la necesidad de investigar a fondo este problema, y he cometido también muchos fallos que te ayudaré a evitar.

Sé que buscas respuestas, pero al mismo tiempo sé que no sirve cualquier argumento. Para poder calmarte es preciso que comprendas qué te está sucediendo, que conozcas esas verdades que reducirán tus niveles de ansiedad y te permitirán convivir y tolerar sus síntomas mientras duren, sin añadir más leña al fuego.

Pronto comprenderás que, por extraño que parezca, no va a pasarte nada, ya que ese trágico final que tanto temes, solo está en tu cabeza.

CÓMO BENEFICIARSE AL MÁXIMO DE ESTE LIBRO

¿Has vuelto a sufrir un ataque de ansiedad y crees que se acerca tu final? ¿Sientes que das pasos en falso y todo empeora? ¿No entiendes qué te está ocurriendo o no sabes cómo volver a ser quien eras?

Si sufres ansiedad estoy seguro de que te asaltan a diario cientos de preocupaciones. Temores que llegarán en más ocasiones y con mayor intensidad cuanto más potente sea tu problema y menos recursos dispongas para tratarlo.

Puede que muchas de estas respuestas las hayas escuchado ya, y también es probable que no creas en la verdad de algunas de ellas. Seguramente piensas que tu caso es especial, mucho más terrible o peligroso de lo que otros creen. Todo esto es normal, ya que sientes que está en juego tu vida, y aunque a veces pueda costar reconocerlo, los dos sabemos que se debe a una única cosa: *sufres ansiedad.*

Tal vez te ayude saber que esos mismos temores los he sentido personalmente en muchísimas ocasiones, y algo muy parecido —en cuanto a preocupaciones y extrañas profecías— le ocurre a cualquier persona que, al igual que tú, sufre este trastorno. Nos cueste entenderlo o no, cuando esto ocurre, se ha activado la más potente, insistente y a veces insoportable alarma del ser humano, un mecanismo con la oportuna intención de ponernos a salvo.

A través de estas páginas espero ayudarte a aceptar y reconocer que la ansiedad puede superarse y que, por extraño que parezca, ni te hará enloquecer ni va a matarte. También vas a entender que todas esas dudas y obsesiones seguirán acompañándote, ya que tienen mucho más sentido del que crees. Te costará comprender los motivos por los que este trastorno se ha presentado en tu vida, pero tanto tú como tu estilo de vida es muy probable que tengáis mucho que ver con lo que ahora estás sufriendo.

Cuando la vida te dé razones para llorar, no hay mejor respuesta que demostrarle que existen muchas más razones para reír. Por ello, aceptar tu situación, tomar conciencia de que es más común de lo que pensabas o quitar peso a lo que te está ocurriendo, te ayudará a observar la ansiedad de una manera más positiva. Ante esta nueva perspectiva, te recomiendo:

1. **Lee este libro de principio a fin marcando y subrayando las preguntas que más te preocupen. De esta manera podrás relativizar tus miedos,** quitarles importancia o incluso reír cuando reconoces esa forma enfermiza en que te dejas arrastrar por el pánico. Hacerlo puede ayudarte a comprender que ese enorme monstruo que tanto temes, llamado «ansiedad», es más bien una sombra de insignificantes miedos sin sentido, magnificados por ese estado de alarma en el que vives, una falsa alarma que pronto aprenderás a desactivar.

2. Te aconsejo **leer el libro por las noches.** Te será más fácil relajarte, conciliar el sueño y también absorber esas verdades tan necesarias cuando se sufren estos temores irracionales. Este conocimiento, cuanto más consciente se haga, más fácil hará que podamos sobreponernos a momentos de pánico o de alta ansiedad. Si un **ser querido** sufre ansiedad, puede resultar de gran

ayuda **leer y elegir juntos las cuestiones** que puedan resultarle más pertinentes.

3. Todo cambio se produce actuando, no pensando, por ello **intenta actuar y reaccionar en tus «crisis» leyendo las preguntas más adecuadas a tu situación, y nota los beneficios.** Esos instantes en que el temor a perderlo todo llega a tu vida son los mejores para abrir el libro y descubrir esa preocupación que tanto daño te hace, para leerla mientras observas cómo se reducen tus síntomas. Es una manera efectiva de comprender y sentir cuál es tu realidad, una acción que marcará la diferencia.

Pronto conocerás muchas verdades que echarán por tierra tus peores temores, estas **respuestas a tu ansiedad que pueden convertirse en tu mejor terapia,** una especie de píldoras ansiolíticas que te ayudarán a convivir con esta realidad que estás sufriendo y a gestionarla de un modo mucho más positivo.

EL INICIO DE TODO

No sabes lo fuerte que eres hasta
que ser fuerte es la única opción que
te queda.

BOB MARLEY

Perdido, confundido y sintiéndome más solo que
nunca, me tocaba luchar contra un remolino de
sensaciones tan descontrolado y excesivo que no
tenía ni idea de cómo pararlo. Era tal la cantidad
de pensamientos y emociones que nublaban mi
mente que mi respuesta instintiva fue muy simple:
comencé a llorar…

Lloraba sin sentir la necesidad de hacerlo; es
más, las lágrimas se desprendían únicamente de
mi ojo derecho, lágrimas acompañadas de un ex-

traño tic nervioso que, aun sin comprender el por-
qué, duraron varios días.

Minutos más tarde la sensación empeoró,
pues a aquel dolor emocional unido a ese extraño
espasmo se sumó otro nuevo malestar, esta vez
físico. Mi corazón había comenzado a palpitar de
un modo tan agresivo que mi cuerpo entero parecía vibrar a su son, sin tregua.

*No lo sabía entonces, pero todo se debía a la
ansiedad, un trastorno que llegaba a mi vida para
quedarse y cambiarla, como también lo haría conmigo.*

*Me cambió tanto que hoy puedo decir que
gracias a la ansiedad soy una persona más valiente y con más herramientas para la vida, alguien que siempre que puede lucha por hacer realidad sus sueños más deseados. Sueños
como el de escribir este libro que espero te ayude a ti también a escuchar tu ansiedad y crear
esa mejor versión de ti mismo que siempre te ha
estado esperando.*

1. ¿QUÉ ME ESTÁ OCURRIENDO? ¿ESTO ES EL FIN?

Esta es tal vez la primera y más importante duda que nace junto a este trastorno, una duda que es propia de quienes lo hemos sufrido, por lo que puedes estar tranquilo.

Si sigues haciéndote estas preguntas, ¡alégrate!, ya que ahora tienes todo lo que necesitas para dar una respuesta objetiva y sincera. Este tipo de temores y preocupaciones son los que mantienen la ansiedad y empeoran tu presente.

Cuando la ansiedad patológica llegó a mi vida, lo hizo junto a muchos de sus complicados síntomas, unas sensaciones tan extremas, desconocidas y muchas veces preocupantes que me llevaron en un principio a preguntarme: «¿Qué me ocurre? ¿Qué es todo esto?». Pensamientos que después activan la lógica para acabar generando temores como «¿Es esto el fin?».

Deberíamos entender entonces que, debido a la ansiedad, la tensión se ha apoderado de nosotros y nos sentimos amenazados hasta el punto de pensar que se acerca el final. Seguramente esta angustia sea lo más parecido a lo que se podría sentir cuando esto sucede de verdad, y por ello creemos que esas fuertes y desconocidas taquicardias, unidas a nuestra nueva y constante visión borrosa, o a esa respiración entrecortada, no indican otra cosa que el trágico final.

Pero todos acabamos entendiendo, cada vez que ocurre —pues serán decenas o cientos las veces que nos suceda—, que pasan los minutos, las horas o incluso los días, y nada ha terminado, por mucho que esas sensaciones sigan en nosotros y hagan de nuestro presente un auténtico infierno.

Seguro que en tu caso han sido también muchas las embestidas, y es fácil que debido a ello tengas la necesidad de buscar ayuda para volver a sentirte como antes de que tu vida cambiase, una ayuda que te servirá para comprender que realmente «solo» sufres ansiedad, aunque los dos sabemos que ese «solo» no tiene nada de sencillo.

Tienes motivos para alegrarte, ya que al leer estas páginas has empezado a dar los pasos necesarios que permitirán tu recuperación. Pronto vas a entender que lo que te está ocurriendo es que en tu organismo fluye la ansiedad, una emoción que no indica que sea el fin sino más bien el principio…, *el principio del cambio.*

2. ¿QUÉ SENTIDO TIENE TODO ESTO?

Entre las personas que han sufrido ansiedad, seguramente no hay nadie que no crea —sobre todo en sus inicios— que pasar por esto es una de las experiencias más duras que un ser humano puede soportar. A todos los que la hemos vivido, esos cambios iniciales en forma de síntomas nos pillaron desprevenidos, tanto que no comprendimos ni los motivos ni sobre todo el sentido de lo que ocurría, achacando esa sinfonía de sensaciones a una especie de maldición que nos tocaba vivir.

Cuando surge el trastorno, esta emoción y sus síntomas se mantienen y activan automáticamente, limitando la vida de quien lo sufre. Por el cuerpo fluyen esas sensaciones, a la vez que reaccionamos de una manera ilógica y desmesurada a situaciones que antes no nos provocaban este malestar. Debido a la ansiedad, vivimos preocupados, asustados y angustiados, y lo peor de todo es que las cosas empeoran si no comprendemos cómo tratar con ella.

Ante tal malestar, que ni hemos pedido ni buscado, es lógico pensar que la ansiedad es algo horroroso y que no tiene sentido, un grave problema que debemos eliminar a toda costa de nuestra vida. Por ello, inicialmente intentamos negarla, maldiciendo sus síntomas, resistiéndonos a tener que pasar por eso y preguntándonos una y otra vez qué hemos hecho mal para merecer algo tan terrible.

Yo también he vivido esta negación inicial, pero me he dado cuenta de que reaccionar así es uno de los principales motivos de que el problema se haga más grande.

Todo esto se debe a que no entendemos lo que nos pasa, porque nunca antes hemos sufrido algo parecido.

Al final, la vida nos demuestra que pasar por esto tiene mucho más sentido del que creíamos, y que de nada sirve intentar negarlo. Seguramente eran varios los motivos por los que nuestra vida iba a la deriva, causas que activaron y mantienen este trastorno. Lo más probable es que se trate de un conflicto emocional que ha llegado a tu vida para que actúes y cambies, un problema que deberás ser tú —y no factores externos o drogas y otras sustancias— quien, con trabajo, consigas resolverlo.

La ansiedad es una emoción que provoca cambios en nuestro cuerpo y en nuestra mente, es una reacción en forma de hormonas que fluyen por nuestro organismo con la intención de protegernos. Podríamos entender esta emoción como el más evolucionado mecanismo de alerta del reino animal, un entramado que provoca cambios en nosotros que nos mantienen alerta para que atendamos en exclusiva a ese posible peligro que activa la alarma, y dejemos cualquier otra cosa al margen.

Debido a ello, rumiaremos una y otra vez esa preocupación o alarma, estudiando posibilidades e incluso bloqueando algunas de nuestras capacidades, como las motoras o sociales, ya que en esas circunstancias son prescindibles. Y tanto los síntomas mentales como los físicos tienen la misma intención, pues esa taquicardia que seguramente en sus inicios no logramos comprender sirve para que el corazón lleve más sangre a los músculos, preparándolos para la acción, como el resto de las sensaciones que se activan.

La ansiedad es, por tanto, una respuesta que adquiere muchísimo sentido. Es un mecanismo que puede salvarnos la vida, aunque también sé por experiencia que puede derivar en una auténtica agonía cuando reaccionamos de una manera desproporcionada e ilógica ante situaciones que nada tienen de amenazantes.

3. ¿QUÉ ES REALMENTE LA ANSIEDAD?

La vida me ha demostrado que para resolver un problema no hay nada mejor que empezar por comprenderlo, por ello pienso que para superar este trastorno lo primero es entender qué es realmente la ansiedad.

Quien padece este problema sufre ansiedad de un modo desmesurado y continuado —de ahí el trastorno—, una situación en la que esta emoción se ha descontrolado debido a distintos motivos que deberemos tratar si queremos recuperarnos. Por eso voy a intentar diferenciar ahora entre la emoción y el trastorno, pero me gustaría dejar claro que a lo largo de estas páginas, siempre que hable de «ansiedad» me referiré a la «ansiedad patológica», a ese mal funcionamiento que genera mucho malestar y que debemos tratar.

Como se deducía de la pregunta anterior, la reacción ansiosa no solo es necesaria sino también universal —pues se da en todas las personas— y adaptativa —ya que nos ayuda a adaptarnos y responder eficientemente a las necesidades del entorno—, en definitiva, es una emoción que nos mantiene alerta para responder a situaciones que podrían poner en peligro nuestra vida.

Como toda emoción, genera una reacción psicológica y fisiológica a un estímulo, es decir, cambios hormonales que fluyen por nuestro organismo buscando que respondamos de la manera más eficiente a la situación que desencadenó todo.

El propósito de las emociones en el ser humano es siempre el mismo, hacernos reaccionar de una forma adecuada a ellas, a ese motivo por el que surgen. Si el amor nos ayuda a crear vínculos afectivos desde el nacimiento, a tener empatía o elegir la mejor pareja, o la tristeza contribuye a reparar pérdidas o buscar apoyo cuando es necesario, la ansiedad es una emoción que surge para que reaccionemos ante situaciones amenazantes.

Por ello esta emoción genera cambios en nosotros —los síntomas—, para que actuemos de las dos maneras que entiende como válidas: huir o luchar.

4. ¿QUÉ ES LA RESPUESTA DE LUCHA O HUIDA? ¿POR QUÉ NO PUEDO CONTROLARLA CON MI RAZÓN?

Habrás oído muchas veces estas dos palabras tan asociadas a la ansiedad, «lucha» y «huida», o, lo que es más común, habrás sentido en innumerables ocasiones que tu cuerpo parece pedir a gritos salir corriendo o esconderse ante los síntomas de este trastorno, aunque a simple vista no exista ningún elemento, situación o motivo «real» por el que reaccionar así.

Todo se debe a esa reacción que busca la emoción de la ansiedad, la de huir o luchar para ponernos a salvo.

Si lo pensamos con detenimiento, ¿es normal reaccionar de esta manera? ¿No es un modo de actuar instintivo, más propio del mundo animal? ¿Qué sentido puede tener el hecho de necesitar escapar para ponernos a salvo ante una situación tan «aparentemente» poco peligrosa como una reunión de trabajo o subir a un ascensor?

Sé que puede parecer extraño lo que voy a decirte, pero deberías reconocer que, aunque naciste en este o en el pasado siglo, *tu organismo es una máquina que ha ido evolucionando durante los millones de años que el ser humano lleva sobre la Tierra.*

Por este motivo mecanismos como el de la ansiedad tienen mucho más que ver con ese mundo feroz lleno de depredadores en el que nuestra especie ha vivido casi siempre, que en esta realidad compleja y nueva. Debido a ello, hoy en día podemos reaccionar de una manera ansiosa y desmesurada ante realidades tan poco peligrosas para nuestra supervivencia como un despido, del mismo modo que lo haríamos antiguamente ante el ataque de un león hambriento. Lo queramos o no, así funcionamos y son muchísimas las cosas que escapan a nuestro control racional.

De este modo la respuesta de defensa (atacar, correr, huir) continúa siendo de utilidad en el mundo «civilizado» y convulsionado de hoy, aunque los elementos y circunstancias hayan variado mucho.

Han cambiado los peligros, los elementos y situaciones, y cuando antes era normal escapar de depredadores, hoy lo es de coches al cruzar la calle o de multitudes; o cuando antiguamente la escasez de animales podía ser un motivo de preocupación, hoy lo es la falta de trabajo o las dificultades en el mundo laboral, situaciones que deberían ayudarnos a experimentar miedo y ansiedad, ya que si no lo hiciéramos, podríamos morir, pues esa falta de alarma y de reacción inmediata nos dejaría indefensos y a merced del peligro.

Todo esto debe contribuir a que entendamos que afortunadamente en todos nosotros vive la ansiedad, un mecanismo de alarma que activará esta respuesta de luchar o huir para que nos pongamos a salvo, *una respuesta con el único objetivo de proteger nuestro organismo, no dañarlo.*

5. ¿CUÁLES SON LOS EFECTOS DE LA RESPUESTA DE LUCHA O HUIDA?

Esta reacción ansiosa genera cambios inmediatos que nos permiten una mejor y más rápida respuesta (automática) ante el peligro.

Entraré en el detalle de los síntomas de la ansiedad en las próximas páginas, pero a grandes rasgos, estos serían los motivos por los que la respuesta ansiosa es tan efectiva cuando debemos enfrentarnos a un peligro:

- Nos ayuda a desviar la atención hacia el medio circundante. Dejamos de centrarnos en cualquier cosa distinta a ese elemento o estímulo que provocó esta reacción. Cuando sufrimos ansiedad, sentimos que nada es más importante que ponernos a salvo.
- Aumenta la percepción de peligro o amenaza. Estamos y nos mantenemos alerta, tanto si el peligro está cerca como si lo intuimos o imaginamos.
- Prepara a nuestro cuerpo para luchar o huir, haciéndonos más fuertes y ágiles gracias al incremento de la actividad del corazón y de la respiración y muchos otros cambios.
- Se produce un cambio en nuestra actitud mental, estamos dispuestos a agredir o escapar, incluso de una manera instintiva y automática.
- Necesitamos espacio. Los lugares cerrados o la multitud nos ofrecen menos vías de escape, por ello tendemos a buscar espacio a nuestro alrededor.

6. ¿QUÉ ES LA ANSIEDAD PATOLÓGICA O EL TRASTORNO DE ANSIEDAD?

Como ahora ya sabes, el trastorno de ansiedad se da cuando esta emoción tan necesaria surge sin necesidad, condicionando y limitando la vida de quien lo sufre durante mucho más tiempo del que sería preciso. Esta respuesta adaptativa se vuelve entonces negativa o «patológica», ya que es excesiva y del todo incontrolable. Cuando esto ocurre, la reacción ansiosa —los complicados síntomas— fluye por nuestro organismo sin motivo, debido a temores irracionales o preocupaciones desmesuradas, y se convierte en una realidad difícil de gestionar y más aún si no entendemos lo que nos está pasando.

La palabra «trastorno» significa que algo funciona mal. Por ello, todo trastorno emocional supondrá que las emociones que tienen que ver con él funcionan de una manera errónea y no adaptativa, activándose cuando no deben y de modo equivocado, y haciendo que quien lo padece se encuentre dominado por ellas. En un trastorno de ira será la rabia la que nos domine y condicione, mientras que en un trastorno depresivo será la tristeza.

En el caso de la ansiedad será esta emoción que busca ponernos a salvo la que nos controlará por completo, haciendo que reaccionemos automáticamente intentando luchar o huir ante un peligro que muchas veces no existe. Diferentes estímulos o situaciones harán que reaccionemos como lo haríamos ante el ataque de un tigre, aunque la realidad sea tan potencialmente poco peligrosa como podría serlo ver una aguja o coincidir en el mismo espacio con el jefe, pasear por una plaza o subir a un ascensor.

Ya sabes que cuando el trastorno de ansiedad se activa, es nuestro cerebro emocional el que toma el control de la situación, y por mucho que nos cueste aceptar esos miedos ilógicos que tanto nos afectan, nos encontraremos dominados por ellos hasta que sepamos tratar con la ansiedad.

Por fortuna, no todo son malas noticias, ya que este trastorno es el conflicto de salud mental más común en el mundo. Se trata de una realidad que no tiene por qué provocar daño alguno, ni hacernos sentir personas débiles o diferentes, es un conflicto emocional que, como espero ayudarte a comprender, aunque genera mucho malestar puede ayudarnos también a mejorar numerosos aspectos de nuestra vida.

7. ¿CUÁLES SON LOS MOTIVOS MÁS COMUNES POR LOS QUE SURGE LA ANSIEDAD?

El trastorno de la ansiedad supone un conflicto emocional muy particular. Por ello, muchos de los motivos que la provoquen serán distintos en cada persona, y a cada uno le tocará encontrarlos en su vida, en sus creencias y experiencias. Para conseguirlo puede ayudarnos el hecho de comprender que entre los detonantes de este trastorno existe una serie de ingredientes comunes que tendremos en cuenta y que podemos dividir en tres bloques:

- Motivos personales:
    - Factores orgánicos y/o genéticos.
    - Personalidad, estilo de vida y modos personales de gestionar el estrés.
    - Elementos de nuestro entorno, como el aprendizaje, las creencias y nuestro ambiente.
- Circunstancias desencadenantes:
    - Situaciones que sentimos que nos sobrepasan y no podemos afrontar con nuestros propios recursos.
    - Experiencias vitales con graves consecuencias o con un fuerte impacto emocional.
    - Consumo de drogas o estimulantes.

- Bloqueos y obstáculos que nos limitan.
- Factores que mantienen o empeoran el trastorno:
  - Pruebas y acciones que resultan perjudiciales (por ejemplo, la automedicación).
  - El círculo vicioso del miedo.
  - Afrontar de una manera errónea el problema (por ejemplo, no aceptarlo, hacer de médico de uno mismo o estudiar otras posibilidades).
  - Hacer uso de la evitación o de rituales de compulsión para reducir la ansiedad.
  - La pérdida de actitud y los bloqueos que hacen difícil afrontar el problema.

Como has visto y espero ayudarte a descubrir, muchos de estos ingredientes son los que han provocado que ese mecanismo tan evolucionado de alarma que vive contigo y busca ponerte a salvo, haya comenzado a funcionar mal, limitándote y condicionándote en lugar de beneficiarte.

8. ¿POR QUÉ A MÍ? ¿QUÉ HE HECHO YO PARA MERECER ESTO?

Pensarás que eres la persona más desafortunada del mundo, es fácil que te sientas desgraciado o desgraciada, angustiado o agotada, y por ello te preguntes una y otra vez: «¿Por qué a mí? ¿Qué he hecho yo para merecer esto?».

Tal vez busques las causas en tu familia o tu pasado o, como me sucedió a mí, creas estar viviendo una especie de maldición de la que desconoces el origen. Sea cual sea tu realidad, me gustaría ayudarte a comprender que realmente nada de esto importa, la realidad es la que es y echando balones fuera puedes estar seguro de que nada va a cambiar. Habrá millones de motivos, pero lo más importante será aceptar tu situación, reconocer que te va a tocar convivir con este problema y tirar del carro para recuperarte lo antes posible.

Creo que a nadie le gusta sufrir y lo más seguro es que a ti tampoco, y menos aún cuando ni lo esperas ni lo has buscado conscientemente. Pero debes saber que este problema no entiende de género, raza, carácter o personalidad, que puede afectar por igual a ricos y pobres, a valientes y temerosos, a personas sanas o enfermas, a fuertes o débiles, tanto emocional como físicamente. Por ello, nunca asocies tu situación con los problemas emocionales, ya que estos pueden afectar a cualquier persona.

Una vez superes este problema te darás cuenta de que la dificultad no estaba en sufrirlo, el problema real ocurría cuando no intentabas aprender de esa experiencia y no luchabas por superarlo.

Por tanto, no hay nada más inteligente para responder a la pregunta inicial que aceptar lo que te sucede, partiendo de que tu esencia —un organismo con millones de años de evolución a sus espaldas— ha activado la ansiedad para que mejores muchos aspectos de tu vida.

Te va a tocar trabajar duro, y solo cuando empieces a reconocer la oportunidad que trae consigo pasar por esto —más que el hecho de enfocarte en el problema— descubrirás las respuestas a muchas de tus preguntas.

9. ¿CUÁLES SON LOS MOTIVOS DE MI ANSIEDAD?

Creo que no existe mejor aliado para comprender los motivos personales de tu ansiedad que buscarlos cuando surgen los síntomas en tu organismo. Si aprendes a usar a tu favor estas señales, reconociendo los síntomas no como algo malo que hay que evitar, sino como una brújula que puede indicarte esos elementos o situaciones que te alteran y que debes cambiar, podrás convivir mejor con la ansiedad y calmarte, a la vez que intentas descubrir cuáles pueden ser esos factores que han activado el trastorno.

La llegada de la ansiedad provoca un cambio en nuestra vida muy complicado de gestionar, y aunque pensemos que ha aparecido por sorpresa, es más que probable que fueran ya muchas las señales indicativas de que algo estaba sucediendo. Tal vez aquellos dolores de cabeza, las pesadillas nocturnas, esos hormigueos en brazos y piernas o los molestos pinchazos en tu corazón intentaban advertirte de que esa errónea manera de vivir o de apreciar la vida podía hacer saltar todas las alarmas.

Una vez llega la ansiedad, tenemos la desgracia, pero también la fortuna, de que jamás se irá si no le hacemos caso y trabajamos por cambiar muchos aspectos de nuestra vida. Será entonces cuando te toque pasar tiempo contigo mismo, haciéndote preguntas y estudiando tu estilo de vida o el modo en que alimentas tu cuerpo y tu mente.

Superar la ansiedad supone escucharla, hacerla nuestra amiga y descubrir que sus síntomas pueden susurrarnos esos cambios que tanto necesitamos, así que la próxima vez que sientas una incontrolable taquicardia ante cierto tipo de situaciones, plantéate si estas situaciones es mejor evitarlas —podrían no tener nada que ver contigo—, o si en el caso de que te aporten cosas positivas, ha llegado el momento de tranquilizarte y gestionar de una manera más adecuada el modo en que reaccionas.

Reconoce quién eres y qué deseas, comprende por qué reaccionas así y descubre aquello que puede estar detrás de tu ansiedad, hazlo y estarás dando pasos de gigante en tu propia recuperación.

10. ¿CUÁLES SON LOS SÍNTOMAS DE LA ANSIEDAD?

Los síntomas suponen la reacción de nuestro organismo al activarse el mecanismo de alarma que es la ansiedad. Manifestaciones que tienen muchísimo sentido cuando el peligro es real, pero que se convierten en un auténtico infierno cuando los temores son irracionales.

Es preciso que conozcas estos síntomas, ya que pueden ser tu mejor aliado —en mi caso fue así— para comprender que no padeces nada distinto y estudiar las causas que provienen de tu propia realidad. Los síntomas principales pueden ser:

- *Físicos.* Taquicardia, palpitaciones, opresión en el pecho, falta de aire, temblores, sudoración, molestias digestivas, náuseas, vómitos, «nudo» en el estómago, alteraciones de la alimentación, tensión y rigidez muscular, cansancio, hormigueo, sensación de mareo e inestabilidad. Si la activación neurofisiológica es muy alta pueden aparecer alteraciones del sueño, de la alimentación y de la respuesta sexual.

- *Psicológicos.* Inquietud, agobio, sensación de amenaza o peligro, ganas de huir o atacar, inseguridad, sensación de vacío, extrañeza o despersonalización, temor a perder el control, recelos, sospechas, incertidumbre, dificultad para tomar decisiones. En casos más extremos, temor a la muerte, a la locura o al suicidio.

- *De conducta.* Estado continuo de alerta e hipervigilancia, bloqueos, torpeza o dificultad para actuar, impulsividad, inquietud motora, dificultad para estarse quieto y en reposo. Estos síntomas vienen acompañados de cambios en la expresividad y el lenguaje corporal: rigidez, movimientos torpes de manos y brazos, tensión de las mandíbulas, cambios en la voz, expresión facial de asombro, duda o crispación.

- *Intelectuales o cognitivos.* Dificultades de atención, concentración y memoria, aumento de los despistes y descuidos, preocupación excesiva, expectativas negativas, rumiación mental, pensamientos distorsionados e inoportunos, incremento de las dudas y la sensación de confusión, tendencia a recordar sobre todo cosas desagradables, sobrevaloración de pequeños detalles desfavorables, abuso de la prevención y de la sospecha, interpretaciones inadecuadas, susceptibilidad...

- *Sociales.* Irritabilidad, ensimismamiento, dificultades para iniciar o seguir en una conversación, en unos casos, y verborrea en otros, bloquearse o quedarse en blanco a la hora de preguntar o responder, dificultades para expresar las propias opiniones o hacer valer los propios derechos, temor excesivo a posibles conflictos, etc.

11. ¿CÓMO CALMO O ELIMINO ESTOS SÍNTOMAS?

Cuando sufrimos este trastorno sentiremos ansiedad de una manera recurrente e irracional durante un tiempo. Esta situación complicada mejorará cuando la aceptemos y actuemos, ya que de nada sirve rechazar los síntomas o negar lo que nos sucede.

Para conseguirlo es muy importante que entiendas que los síntomas realmente no son el verdadero problema. El problema principal es ese conflicto emocional que está detrás y hace que se desate la ansiedad. Por ello es bueno reconocer que la solución definitiva pasa por modificar esos errores que han activado el trastorno, el motivo que nos hace reaccionar de una manera tan exagerada.

Nuestro objetivo principal será superar la ansiedad y no solo evitar los síntomas, pero calmar una reacción desmesurada y reducir sus efectos nos ayudará a conseguirlo, ya que será muy complicado enfrentarnos a esos temores irracionales si seguimos reaccionando de una manera automática y tan agitada. Para aprender a calmarnos podemos utilizar técnicas de respiración o meditación, atrayendo así una mejor química a nuestro organismo. Realizando ejercicio o trabajando para mantener una actitud y unas emociones positivas, mediante un cambio de la perspectiva e incluso tolerando el malestar, lograremos encontrar una manera más práctica y positiva de convivir con el problema.

De nada sirve autoevaluarnos constantemente o hacer de médicos intentando buscar enfermedades más allá de nuestro problema. Por eso, si quieres convivir de otra manera con la ansiedad y reducir el impacto emocional que te provoca, nada mejor que aceptar la situación y modificar poco a poco ese diálogo interno que surge con el miedo.

12. ¿ESTOS SÍNTOMAS PUEDEN PROVOCAR DAÑOS EN MI CUERPO/MENTE?

La mayoría de las personas ansiosas —a medida que se presentan picos de ansiedad— acabamos pensando: «¿Y si esta vez me da un ataque al corazón? ¿Cómo estarán afectando estos síntomas a mi organismo? ¿Aguantarán mi corazón, mis pulmones o mi cerebro tanta tensión?».

Esas preguntas son lógicas, y más cuando estamos alarmados. Pero es sobre todo debido a esto por lo que *debemos aprender a tranquilizarnos.*

Si te ha tocado sufrir este trastorno, es indudable que la angustia y el malestar emocional que genera es mucho mayor que el daño que podría provocar en tu organismo.

Ya sabes que la ansiedad es sinónimo de preocupación y se alimenta de ella, igual que sabes y puedes comprobar que si aprendes a relajarte, muchos de sus síntomas se reducirán. Así, después de cientos o miles de crisis, aunque sean muy intensas y desagradables, comprenderás que los síntomas son perfectamente asumibles por nuestro organismo y no nos provocarán ningún daño.

Es lógico pensar que esas fuertes taquicardias puedan ocasionar problemas al corazón, o que cualquier otro síntoma, como por ejemplo la visión borrosa, pueda a la larga provocarnos ceguera. Pero, en realidad, la ansiedad busca ponernos a salvo, por lo que sería absurdo que la naturaleza desarrollase un mecanismo para protegernos y al mismo tiempo nos dañara.

Es muy frecuente plantearse estas cuestiones si se ha sufrido un trastorno de pánico o se acude al servicio médico de urgencias debido, por ejemplo, a que padecemos fuertes taquicardias. Cuando esto ocurre nos suelen recetar ansiolíticos para que reduzcamos esos síntomas molestos, aunque nosotros quizá seguiremos pensando que no bastará, que se trata de algo mucho peor, pues creemos realmente que podemos morir o perder el control.

Por ello este diagnóstico inicial casi siempre nos deja insatisfechos, pero deberíamos comprender que el médico sabe —gracias a su trabajo y a muchos años de estudio— que estos síntomas, aunque intensos y difíciles de gestionar, no suponen ningún peligro físico para quien los sufre.

13. ¿CUÁL ES LA EXPLICACIÓN LÓGICA DE ESTA REACCIÓN EN EL CUERPO?

La ansiedad tiene muchísimo sentido, ya que gracias a ella nuestro organismo nos ayuda a reaccionar ante situaciones peligrosas, un mecanismo creado gracias a millones de años de evolución con un único fin: *ponernos a salvo.*

Visto así, quizá te parezca demasiado fácil y te preguntes: «¿Qué sentido tiene esta taquicardia tan angustiosa o esa hiperventilación que parece ahogarme? ¿Qué lógica tienen esos otros síntomas como la visión borrosa, la opresión en el pecho o las náuseas?».

Puede parecer muy extraño pero, como ahora entenderás, todo tiene muchísimo sentido...

Cuando nuestro cerebro emocional interpreta que una situación entraña una amenaza, de inmediato se comunica directamente con el cerebro reptiliano —el que se encarga de ejecutar la respuesta de lucha/huida en nuestro organismo— para que controle y modifique funciones de nuestro cuerpo, como el flujo sanguíneo, los latidos del corazón, la temperatura, el subconsciente, la digestión, el equilibrio, la vista, y muchas otras, con un objetivo concreto. Para una mejor comprensión voy a agrupar algunos de estos síntomas por sistemas:

- *Muscular.* Al necesitar que los músculos entren en acción, se favorece la tensión muscular para huir o luchar.
- *Digestivo.* Se bloquean algunas funciones al no considerarlas fundamentales para afrontar la

amenaza. Esta ralentización provoca molestias estomacales, náuseas, diarrea o la sensación de boca seca.

- *Respiratorio*. La preparación del organismo para una reacción rápida e intensa necesita de un aporte energético extra; para ello requiere más oxígeno, y la hiperventilación nos ayuda a conseguirlo.
- *Visual*. Las pupilas se dilatan para tener una visión más nítida, más agudizada, enfocando mejor el peligro y también para descubrir vías de escape.
- *Cardiovascular*. Se incrementa el ritmo y la fuerza de los latidos cardíacos (taquicardias) para que las extremidades y los músculos puedan recibir las sustancias nutritivas y el oxígeno.

Estos cambios en el cuerpo nos hacen reaccionar mejor ante las amenazas. Se trata de una reacción en la que intervienen los síntomas de la ansiedad para ayudarnos a actuar de la manera más eficaz frente a un peligro, aunque esa amenaza no exista realmente, como sucede cuando sufrimos este trastorno.

ERRORES COMUNES

Si pudieras patear a la persona responsable de la mayoría de tus problemas, no podrías sentarte en un mes.

THEODORE ROOSEVELT

Al hacer memoria de mi propia experiencia surgen algunas preguntas: «**¿Cuántas veces temí el mismo trágico final? ¿Cuántas lo sentí en el cuerpo, y cuántas de estas veces también estaba seguro de que sería la última?**».

Es difícil saber el número exacto, pero sí podría reconocer que fueron cientos o miles las ocasiones en que este y otros angustiosos temores parecidos asaltaron mi mente. Pensándolo bien, tal vez se acercaron al millón.

En cada ocasión, mi cuerpo se preparaba para lo peor, y lo percibía mi mente y también mi corazón. Lo notaba mi respiración e incluso fluía por mi sangre junto a ese doloroso hormigueo que recorría mis articulaciones. Cuando todo parecía estar perdido y que llegaba el momento, ese instante en que finalmente perdería el control o moriría... ¿sabes que ocurrió?

Ocurrió que de nuevo no pasó nada de nada, y muy pronto seguiría sumando momentos como ese a mi vida. Sumando paranoias y falsas amenazas, temores y preocupaciones carentes de sentido, que no hacían sino complicarlo todo...

Cansado y desgastado al no saber cómo frenar tantas dudas, me propuse restar catástrofes a mi mente en lugar de seguir sumándolas, y decidí buscar respuestas.

Te puedo asegurar que conozco este terreno, sé cómo funciona y puedo decirte sin lugar a ningún tipo de dudas, que vas a seguir sumando nuevos miedos y preocupaciones, por eso, para ayudarte a restar, te animo a seguir leyendo...

14. ¿CUÁLES SON LOS ERRORES MÁS COMUNES CUANDO SUFRIMOS ANSIEDAD?

Todos los seres humanos cometemos errores y, por fortuna, suele ser gracias a estos, o más bien a la necesidad de no tropezar nuevamente con la misma piedra, como conseguimos aprender y avanzar en lo personal. La vida es la mejor maestra y es tan buena que, si no aprendemos la lección, nos la repite. Nadie nace enseñado y, como es lógico, solemos fallar varias veces antes de aprender, y eso mismo ocurre con los conflictos emocionales.

Muchos errores son tan frecuentes en quienes hemos pasado por esto que podría decirse que forman parte de esa primera etapa en que afrontamos cualquier duelo, ese período en el que nos limitamos a intentar negarlo todo.

Cuando este trastorno llega a nuestra vida, una reacción muy lógica es negar que todo ese malestar pueda deberse a algo aparentemente tan común y poco peligroso, como creemos que es la ansiedad. Asaltados por el pánico es muy común tener horribles temores que provocan el aumento del impacto emocional y que el problema se enquiste:

- Creer que vamos a sufrir un ataque al corazón o cualquier otro final derivado de nuestros síntomas.
- Pensar que padecemos una enfermedad distinta, terminal, mortal o incurable.
- Sentir que podemos volvernos locos.
- Creer que la ansiedad es una especie de maldición carente de sentido que no se irá de nuestra vida, que ha cambiado para siempre.
- Sentirnos personas débiles o defectuosas.
- Pensar que será en las pastillas, la religión o el universo donde encontraremos la solución, echando balones fuera sin aceptar que la responsabilidad de mejorar y superar este problema es solo nuestra.

Muchos de estos «errores de principiante» son totalmente lógicos ante un cambio tan brusco e inesperado en nuestra vida como este. Equivocaciones que no solo se dan en primerizos, sino también en psicólogos, psiquiatras, expertos en la materia o exansiosos como puedo serlo yo, personas que conocen el problema y saben que existe una solución y puede superarse.

15. ¿CÓMO PUEDO ASEGURARME DE QUE LO MÍO ES ANSIEDAD Y NO ES NADA MÁS GRAVE?

Si esta es una de tus preocupaciones te ayudaré a que seas tú mismo quien halle la respuesta contestando otra pregunta: *¿cuántos de los síntomas de la ansiedad estás padeciendo?*

Estoy seguro de que tienes más de un síntoma, una realidad que puede ayudarte a que aceptes definitivamente que no sufres nada distinto, ya que no existe ningún otro trastorno que englobe tantos y tan diferentes síntomas.

Aceptando la ansiedad darás el primer paso para conseguir superarla, así que si continúas teniendo dudas, vuelve a leer los síntomas de la ansiedad y descubre los tuyos.

> **Antes de seguir leyendo es importante que entiendas que *para superar y tratar este conflicto en condiciones, debes aceptar que no sufres nada distinto.***

Cada persona, según su predisposición biológica o psicológica, se muestra más vulnerable o susceptible a unos u otros síntomas, y también a que estos puedan presentarse de distintas formas. Sin embargo, no existe ningún trastorno que agrupe tantas y tan distintas manifestaciones; por lo que, si es tu caso, alégrate, ya que no sufres nada mortal ni te estás volviendo loco.

Otro factor que te ayudará a comprenderlo es aceptar que el miedo nos avisa, porque activa y potencia los síntomas cuando nos dejamos llevar por él. Si sufrieses un problema físico o mental más grave, *¿crees que el miedo te avisaría de ello?*

Si sufres este trastorno, sabes que los síntomas disminuyen cuando te relajas, mientras que aparecen ante la duda y el temor, algo que jamás sucedería con otro tipo de enfermedad.

Los síntomas, nuestra capacidad de reacción, así como el miedo anticipatorio que los desata y aumenta nuestra preocupación, son los mejores indicadores para comprender que únicamente tenemos este problema.
Siempre es recomendable acudir a un médico para descartar otras posibilidades, ya que, como verás más adelante, existen también problemas de tipo físico

como los problemas de tiroides o cambios hormonales que en ocasiones pueden estar detrás del nacimiento de este trastorno.

16. LA ANSIEDAD, ¿SE CURA O SE CONTROLA? ¿LA ANSIEDAD TIENE FIN?

Como ahora ya sabes, la ansiedad es una emoción que sirve para que nos adaptemos y afrontemos situaciones peligrosas. Es una emoción buena que nos ayuda a sobrevivir y que, por fortuna, acompaña a todo ser humano. Por ello no debemos intentar curarla, ponerle fin o eliminarla, ni tampoco controlarla.

El problema se da cuando aparece el trastorno, cuando esta emoción surge y se mantiene sin necesidad y nos limita, eso que se conoce como «ansiedad patológica», un mal funcionamiento en este mecanismo de alarma tan evolucionado y efectivo. Es entonces cuando sí se debe luchar por *superar el problema*, por curar ese trastorno y devolver el equilibrio a nuestro organismo para que la ansiedad funcione de una manera adecuada.

El trastorno debe ser afrontado y curado para que volvamos a sentirnos en condiciones y no condicionados por una emoción excesiva y recurrente. Existen distintas terapias para superarlo, y cuanto más condicione la vida de quien lo sufre, más importante será realizar la terapia, y nadie mejor para ayudarte que un profesional.

Una vez te enfrentas al problema, te das cuenta de que en primer lugar debes comprenderlo y aceptarlo, y no evitarlo. Después habrá que tratarlo, reduciendo nuestros niveles de estrés y miedo, comprendiendo nuestros motivos particulares, y aplicando técnicas y herramientas que van a ayudarnos a gestionar de una manera más oportuna la convivencia con este trastorno.

A esta necesidad, la de convivir mejor con la emoción alterada de la ansiedad, puedes llamarla como prefieras. Puedes considerar que estás controlando la ansiedad, tolerándola, gestionándola o tratándola de un modo adecuado. Y cuando consigas exponerte a esas situaciones que han activado la ansiedad en exceso, comenzarás a sentir que mejoras y vas poniendo fin a tu ansiedad.

Para poner fin a la ansiedad deberás superar uno o varios conflictos emocionales no resueltos; será difícil y doloroso, pero puedes estar seguro de que el proceso merecerá la pena. Este trastorno se cura y tiene un final, así que no vas a sufrirlo durante toda tu vida.

17. ¿CUÁNTO DURA LA ANSIEDAD?

Esta es una de las preguntas más comunes cuando detectamos este trastorno. Debido a que la ansiedad es un trastorno emocional —un conflicto muy personal— y no físico, la respuesta más adecuada es que tiene una duración distinta en cada individuo.

Aunque no podemos concretar el tiempo que nos va a tocar sufrirla, sí es posible asegurarte que tiene fin, y son muchísimas las personas —entre las que me incluyo— que pueden demostrártelo.

Respecto a la información que se obtiene a partir de estadísticas —basadas en los resultados de tratamientos o terapias—, se estima que la duración media suele oscilar entre seis meses y un año. Aun así, en algunos casos puede prolongarse más, siempre en función del tipo de trastorno, de si hay que añadir otros problemas, de las herramientas o recursos con que cuenta la persona que lo padece, o del grado de implicación de esta en el tratamiento.

18. ¿A QUÉ EDAD ES MÁS NORMAL SUFRIR ANSIEDAD?

Este trastorno, como cualquier otro conflicto de tipo emocional, puede aparecer en cualquier etapa de nuestra vida, aunque seguramente a partir de la adolescencia este problema tiene un mayor impacto, ya que es entonces cuando las personas nos exponemos cada vez más a nuestro entorno, cuando comienzan a producirse los cambios hormonales y el mundo puede parecer más amenazador o iniciamos el proceso de desarrollo de nuestra personalidad.

Aparte de esto, dependiendo del modo en que se presente, es decir, de los distintos *tipos de ansiedad*, sí que puede existir una relación directa con algunas etapas de nuestra vida. Por ejemplo, las *fobias específicas* suelen originarse más en la infancia que en la edad adulta, el *trastorno de estrés postraumático* (*TEPT*) puede aparecer a cualquier edad, mientras que el resto de los tipos de ansiedad suele generarse a partir de la adolescencia.

Muchas personas sufren este trastorno desde niños, y debido a ello y a no haber contado con el apoyo o los recursos necesarios para afrontarlo mejor, piensan que lo sufrirán durante toda la vida, cuando en realidad existe una solución.

19. ¿ES COMÚN O NORMAL PADECER ANSIEDAD?

Esta es una pregunta muy importante no solo para los que sufrimos ansiedad, sino para la población en general, puesto que uno de los motivos principales por los que muchas personas no encuentran solución a este trastorno se debe a que buena parte de la sociedad lo considera tabú, una especie de enfermedad o defecto que se tiende a esconder, en lugar de reconocerlo.

Esto es absurdo, ya que las estadísticas revelan que la ansiedad es el problema de salud mental más extendido en el mundo. Se trata de una de las causas más frecuentes en las visitas al médico de familia y a urgencias. Esta realidad debe tenerse muy en cuenta, dado que muchos de nosotros o de nuestros seres queridos la hemos padecido, la padecemos o la padeceremos a lo largo de nuestra vida.

Debido a ello, es totalmente necesario informarse bien y ayudar a hacerlo a la sociedad, tanto para saber afrontarla si llega, como para apoyar a muchos de esos seres queridos que puedan estar sufriéndola en silencio.

Según la ciencia, una de cada tres personas sufre ansiedad o la sufrirá a lo largo de su vida, un hecho que suele ocurrir dos o tres veces más en mujeres en edad reproductiva que en hombres, debido a que ellas tienen más cambios hormonales.

Por ello, sufrir este trastorno no supone ser diferente o tener un defecto de por vida, solo significa que eres un ser humano que vive y aprecia la vida. Si es tu caso y la estás sufriendo, te animo a que en lugar de avergonzarte u ocultar tu realidad, te sientas orgulloso y ayudes a que también otros comprendan cómo funciona, a que el mundo comience a admitir que, del mismo modo que cultivamos el cuerpo, deberíamos aprender a cuidar de nuestra mente y de nuestras emociones para saber gestionar mejor este tipo de situaciones tan comunes.

20. SIENTO VERGÜENZA POR SUFRIR ANSIEDAD, ¿QUÉ PUEDO HACER?

Es totalmente normal sentirse «raro» cuando se sufre este trastorno, ya que nuestro organismo y nuestra mente se comportan de una manera bien distinta a como lo hacían antes.

Con esas taquicardias tan descomunales, esa falta de aire o esos pensamientos negativos u obsesivos, y conviviendo con ese malestar que nos lleva a pensar que no tenemos el control, es lógico sentirse incómodos. También es normal estar bloqueados, tristes o apáticos, ya que nuestra atención y nuestros razonamientos están más enfocados en ese posible peligro —aunque del todo irracional— que en la realidad que tenemos frente a nosotros.

Debido a esta nueva situación, suele ocurrir que la gente de nuestro entorno lo nota, y también —desgraciadamente— es muy común que haya personas que, en lugar de tendernos una mano, echen más leña al fuego haciéndonos sentir peor y más ansiosos. Pero debes tener siempre en cuenta que *una cosa es cómo decidan observarnos*, y *otra bien distinta es cómo decidamos nosotros sentirnos*.

Pasar por esto es algo mucho más común y humano de lo que en principio podría parecer. Por ello, cuanto menos te importe la opinión de los demás y cuanto más aprendas a quererte y valorarte, mucho antes y mejor superarás este tipo de problemas que también forman parte de la vida de la gente. No lo dudes, *aléjate de quien te haga sentir mal y acércate a quien te tienda la mano*, aprovecha esta situación para reconocer a las personas que de verdad importan.

Y si estos conflictos emocionales llegan repetidamente a tu vida, en lugar de deprimirte o enfadarte, intenta ser más inteligente y positivo. Debes aceptar que la ansiedad y sus síntomas son una especie de toque de atención que nos ofrece la vida para ayudarnos a apreciarla y saber que íbamos a la deriva. Es una manera de descubrir esas cosas que te estaban haciendo daño y facilitar que seas la persona que siempre has querido ser.

> Sonríe y alégrate por ser como eres,
> te aseguro que cuanto más y mejor lo hagas,
> antes te sonreirá también la vida.

21. ¿LA ANSIEDAD SE HEREDA O ES GENÉTICA?

Espero que pronto comprendas y aceptes que puede que seas, como yo, una persona con más tendencia a sufrir este trastorno. Si es tu caso no te preocupes más de la cuenta, ya que todos tenemos el poder de convertir eso que consideramos debilidades en fortalezas, y es posible disfrutar de una vida más plena, «gracias» incluso a la ansiedad.

La «ansiedad rasgo» es una característica de la personalidad que se utiliza para definir a las personas que tienden a reaccionar de manera más ansiosa. Esta característica nos ayuda a entender que existen individuos más predispuestos que otros a padecer ansiedad, y es mucho más normal que nos suceda si ya la hemos sufrido anteriormente.

Los genes contribuyen a que esto ocurra, y más si a este factor le sumamos otros como los malos hábitos, las drogas, un entorno estresante o una inadecuada gestión emocional. De aquí el término «ansiedad rasgo», dado que se trata de un rasgo de la personalidad —que une nuestra genética con el modo en que afrontamos la vida y nos relacionamos con el entorno— que nos hace comprender que existen personas con tendencia a reaccionar de manera más ansiosa que otras ante las mismas situaciones.

Por fortuna, podemos utilizar este detalle a nuestro favor reconociendo que, si somos más propensos a padecerla, aprenderemos a tratar mejor con ella y mejorar el modo en que nos cuidamos, y evitaremos mandar indicadores de peligro ante situaciones que nada tienen de amenazantes.

Ten en cuenta que, cuando algo nos afecta, seguramente no volvamos a ser los mismos, pero eso no implica convertirnos en alguien débil sino más bien todo lo contrario. Del mismo modo que hay personas más irascibles o melancólicas, las hay más ansiosas. En mi caso evitar las drogas, hacer deporte, mantener una actitud positiva o ser más proactivo han sido algunas de las acciones que he convertido en hábitos, consiguiendo así ganar en confianza y seguridad, y contrarrestando esa parte ansiosa que me acompaña.

22. ¿LA ANSIEDAD PUEDE MATAR?

Algunos de los temores más comunes son esas dudas que nos llevan a pensar cosas como: «Creo que me va a dar un infarto», «No voy a poder aguantarlo más» o «Me voy a morir».

Se trata de dudas y preocupaciones totalmente normales, ya que nuestro organismo está agitado y alarmado, y lo está tanto que en ocasiones llegamos a pensar que el final se acerca, y sentimos verdadero pánico.

Estos picos de ansiedad o ataques de pánico pueden sobrevenir en cualquier momento e incluso sin previo aviso, presentando reacciones fisiológicas y psicológicas tan potentes que tendemos a confundirlas con otras amenazas, como un ataque al corazón, un desmayo, la asfixia…

Cuesta aceptarlo pero se han disparado las peores alarmas, esas que buscan protegernos y mantenernos con vida, y por ello tenderemos a evaluar constantemente las situaciones externas y también nuestros síntomas y pensamientos, manteniendo un círculo vicioso en el que el miedo y los síntomas se retroalimentan hasta hacernos pensar que todo va a terminar.

Es probable que esta preocupación constante asalte cientos o miles de veces la mente de quienes hemos padecido el trastorno de ansiedad, pero es una realidad que puede ayudarte a comprender que si en esas miles de ocasiones en que has sentido esos mismos temores nada ha sucedido, *¿por qué ahora iba a ser distinto?*

La experiencia, la ciencia y las estadísticas aseguran que nadie muere debido a la ansiedad, a sus síntomas o a un ataque de pánico. Esto debe ayudar a que te tranquilices, aunque muchas veces sientas y temas todo lo contrario. Los dos sabemos que convivir con esta alarma activa provoca mucha incertidumbre y que sus síntomas son muy desagradables, pero puedes estar tranquilo, ya que tanto la alarma como esos síntomas son inofensivos.

23. ¿PUEDO ENLOQUECER O PERDER EL CONTROL?

El peor de mis temores cuando sufrí este trastorno fue enloquecer o perder el control de mí mismo. Conviviendo con esas ideas o temores que evalúan la posible amenaza constantemente, es lógico pensar que podemos estar perdiendo la cabeza y, sin embargo, *¿qué loco tendría miedo de poder volverse loco?*

Tanto los síntomas mentales como los físicos nos llevan a plantearnos estas catastróficas y definitivas posibilidades. Pero del mismo modo que sabes que no morirás por esto, ahora entenderás que la *locura* es algo muy distinto…

La ciencia explica que nuestra reacción ante este tipo de situaciones amenazantes viene gestionada por nuestros cerebros emocional y reptiliano. El primero evalúa la «posible amenaza» mediante asociaciones simples —del estilo bueno-malo— utilizando recuerdos almacenados en nuestra memoria emocional o hipocampo, y cuando siente una posible amenaza, comunica con el cerebro reptiliano para que reaccionemos con ansiedad.

Es así como nuestro cuerpo, controlado por nuestras emociones, reacciona a este tipo de situaciones. Esta situación nos hará dudar y rumiar pensamientos negativos o angustiosos de manera obsesiva, e incluso quizá nos culpemos ante el temor de ser o sufrir lo que indican nuestros peores miedos. Estos son los síntomas mentales de la ansiedad, unas sensaciones que pueden hacernos creer que ya no somos la misma persona ni volveremos a serlo, y que estamos perdiendo el juicio.

Sin embargo, cuando llega la calma y tienes la oportunidad de apreciar la realidad tal y como es, debes responder a este temor como yo lo hacía: «Puedes estar tranquilo, ya que si realmente sufrieses problemas mentales graves, en primer lugar no te darías cuenta de ello y, sobre todo, jamás sería el miedo el que te advirtiera de esa posibilidad».

Los elementos que diferencian la ansiedad de otros trastornos mentales son muchos. En primer lugar, debemos reconocer la irracionalidad de nuestros temores, también sabemos que tenemos miedo a la locura o a la propia ansiedad, y nos damos cuenta de nuestra evaluación constante o de la relación entre preocupación y el aumento de los síntomas, elementos que tienen que convencerte de que, en realidad, estás demasiado cuerdo.

24. ¿PUEDO SUFRIR DOLOR FÍSICO REAL DEBIDO A LA ANSIEDAD? ¿LA ANSIEDAD PUEDE SOMATIZARSE?

Entre los dolores principales que se presentan con la ansiedad están los de espalda, cabeza y hombros. Se estima que el malestar físico aparece en más del 50 por ciento de los pacientes con este trastorno, y si a este problema se le suman otros, ese porcentaje aumenta. En estos casos, no debemos tratar el dolor con analgésicos, puesto que su origen es más emocional que únicamente físico.

Se tiende a pensar que los problemas de tipo psicológico solo generan emociones que nada tienen que ver con el cuerpo, pero es una idea totalmente errónea, ya que las emociones afectan al organismo. La ansiedad, el estrés y la depresión actúan sobre distintas hormonas como el cortisol y la adrenalina, provocando cambios en nuestro cuerpo que nos hacen más sensibles al dolor e incluso influyen en otro tipo de problemas.

Los trastornos psíquicos o emocionales tienden a somatizarse, es decir, se transforman en síntomas orgánicos de manera involuntaria. Esto significa que no solo la ansiedad, sino cualquier problema o trastorno de tipo emocional puede manifestarse físicamente en el cuerpo debido a esa relación directa entre cuerpo y mente, entre hormonas y emociones.

25. ¿PUEDE MI ANSIEDAD DEBERSE A PROBLEMAS DEL TIROIDES O CAMBIOS HORMONALES?

No hay nadie mejor cualificado que un médico para diagnosticar cuál es tu problema. Si sufres ansiedad es importante saber que, aunque en la mayoría de las ocasiones el origen está en nuestro estilo de vida, fobias, traumas o niveles de estrés elevados que han provocado el trastorno, también hay ocasiones en que el origen se encuentra en problemas de tipo físico, como algunos cambios hormonales, o problemas en la glándula tiroides.

El miedo es uno de los mejores amigos de este trastorno, así que sea cual sea tu situación, no temas, ya que tras un buen análisis médico se sabrá si tus circunstancias son emocionales o físicas, y cuál es la terapia más apropiada.

La ciencia y las estadísticas explican que las mujeres, en gran parte debido a muchos de sus cambios hormonales, sufren en mayor porcentaje que los hombres tanto este como otros trastornos emocionales. Otra circunstancia muy común, que no entiende de género pero tiene muchísimo que ver con la ansiedad y los cambios hormonales, es la relación entre los problemas de tiroides y muchos trastornos de tipo emocional.

La glándula tiroides es la encargada de controlar los procesos metabólicos del organismo, por lo que si funciona mal se generarán cambios en nuestra química (hormonas) que afectarán el cerebro y el sistema nervioso central. Estas hormonas determinan de qué manera usará cada célula la energía del cuerpo. Si se produce en exceso o, por el contrario, no se segrega suficiente, aparecen alteraciones en algunas funciones de nuestro organismo, como cambios en el estado de ánimo, en el peso o en los niveles de energía físicos y mentales, que muchas veces pueden derivar en trastornos como la ansiedad o la depresión.

El hipotiroidismo supone una *deficiencia en la segregación de estas hormonas tiroideas*, lo que provoca una falta de energía que puede derivar en el descenso de la frecuencia cardíaca, pérdida de apetito, aumento de peso o sensación de fatiga. Muchos estudios han demostrado que la falta de estas hormonas en el cerebro causa un aumento de la ansiedad y activa la memoria del miedo, actuando directamente sobre elementos como la amígdala y el hipocampo.

El hipertiroidismo, por su parte, supone lo contrario, un *exceso de hormonas tiroideas*, lo cual facilita las taquicardias, el aumento del apetito o la hiperactividad, así como los trastornos de ansiedad, como las crisis de pánico o de angustia.

Las estadísticas indican que los trastornos depresivos afectan a entre un 30 y un 70 por ciento de los pacientes con problemas tiroideos, mientras que los trastornos ansiosos afectan a un 60 por ciento.

Esta relación entre los cambios hormonales y los trastornos emocionales debería ayudarnos a entender que siempre es un grave error hacer de médico de uno mismo cuando detectamos un problema de salud. Es muy importante disponer de buena información que nos ayude a tratar eficazmente nuestras emociones para dejar de preocuparnos, así como para descartar problemas de origen físico.

26. ¿LA ANSIEDAD PUEDE AUMENTAR MI PRESIÓN ARTERIAL O PROVOCARME HIPERTENSIÓN?

Es importante diferenciar entre el aumento puntual de la presión arterial y otros problemas como la hipertensión, ya que el trastorno de ansiedad no causa hipertensión (presión arterial alta continuada), aunque es cierto que algunos episodios de ansiedad —como los que se dan en las crisis de pánico— pueden producir incrementos súbitos de la presión arterial.

Estos aumentos momentáneos en la presión arterial no son dañinos para nuestro corazón ni para nuestro organismo, y no deben asociarse a problemas como la hipertensión. Como sabes, el miedo y la preocupación aumentan los síntomas de la ansiedad y podrían incrementar las crisis y estos picos de presión arterial, pero padecer hipertensión es algo muy distinto.

Lo que sí es importante reconocer es que sufrir el trastorno de ansiedad nos obliga a atenderlo y a cuidarnos para evitar adoptar hábitos poco saludables como fumar, consumir alcohol o comida basura, que podrían acentuar problemas como el de la presión arterial. Por ello, si temes sufrir problemas de corazón o de hipertensión te recomiendo que dejes de preocuparte. Existen múltiples ejemplos de personas que han convivido durante muchos años con este problema y no tienen hipertensión.

TRATAMIENTO Y MEDICACIÓN

A veces, más importante que saber es tener el teléfono de quien realmente sabe.

LES LUTHIERS

¿Cómo era posible no haberme dado cuenta antes? No podía ser nada distinto a la ansiedad. Estaba claro que esa taquicardia poco tenía que ver con ese preocupante problema en el corazón que llevaba semanas investigando, pero... ¿Y si ese tic en el ojo era una reacción a otra peligrosa o desconocida enfermedad?

Era consciente de que no había considerado esa otra posibilidad. **¿En qué estaba pensando?** Volví a investigar y lo que descubrí me puso los pelos de punta. Resultaba que existía una rarísima enfermedad de nombre impronunciable, originaria de una tribu perdida del Amazonas, que relacionaba el tic en el ojo con las taquicardias.

Mi descubrimiento no dejaba lugar a muchas dudas y lo peor de todo era que aquella extraña enfermedad que —estaba completamente seguro— me aquejaba, parecía incurable. Lo sabía y lo sentía desde hacía meses, no podía ser otra cosa. Al final, había sido yo —y no todos esos médicos que decían que era ansiedad— quien tenía razón.

Aquellas conclusiones solo sirvieron para generar un nuevo infierno de síntomas en mi cuerpo. La respiración comenzó a acelerarse y también mi corazón, el final parecía estar cerca...

Minutos más tarde pude recuperar la calma, y fue durante esa calma cuando me di cuenta de que habían sido miles los momentos como este, en que creí sufrir algo distinto, y fueron miles las veces en que esos miedos y preocupaciones hacían dispararse los infernales síntomas de la ansiedad.

Una vez relajado, comencé a pensar objetivamente: «¿Y si la realidad era más sencilla como me habían diagnosticado? ¿Y si solo se trataba de ansiedad? ¿Y si empezaba a considerar el problema como lo que era?».

27. ¿DEBO BUSCAR AYUDA PROFESIONAL?

En el caso de la ansiedad, si nos han diagnosticado este trastorno y vemos que no mejoramos pasados unos meses, lo mejor es acudir al médico para que valore si es oportuno realizar terapia.

La terapia psicológica puede ayudar en cualquier momento y a cualquier persona a mejorar muchos aspectos de su vida. Pero en el caso de que llevemos un tiempo sintiéndonos mal y estemos sufriendo un problema que nos condiciona, buscar ayuda profesional es fundamental, ya que puede significar un antes y un después en nuestra mejoría.

Si estás sufriendo debes entender
que buscar ayuda será tu mejor remedio
y también la manera más sencilla
y agradable de sobreponerte
a las dificultades.
Recuerda que *trastorno* significa
«mal funcionamiento», y del mismo modo
que cuando tu cuerpo falla vas al médico,
cuando es tu mente la que da problemas,

acudir a un experto y realizar terapia
puede ser la mejor y más rápida solución.
Si lo haces, sigue siempre *los consejos
de tu médico y hazle caso, no hay
nadie más capacitado que él
para ayudarte.*

28. ¿QUÉ DIFERENCIA HAY ENTRE UN PSICÓLOGO Y UN PSIQUIATRA? ¿ES MEJOR UN PSICÓLOGO O UN PSIQUIATRA?

La diferencia principal entre estos dos profesionales es su formación.

Un psiquiatra ha estudiado Medicina y se especializa en enfermedades mentales, mientras que un psicólogo ha estudiado Psicología y se especializa en salud mental.

Por ello solo los psiquiatras, al ser médicos licenciados, pueden prescribir medicamentos y utilizarlos en sus terapias, y, por tanto, su papel es fundamental en el caso de trastornos en los que es recomendable la medicación. Los psiquiatras están especializados en la evaluación fisiológica y química de los problemas mentales o emocionales, y realizan su trabajo desde una perspectiva médica y farmacológica.

Los psicólogos por su parte, se centran más en la psicoterapia, con una intervención de tipo conductual, y su objetivo es mejorar el bienestar emocional y psicológico del paciente ayudándole a realizar cambios en su vida.

Muchas personas creen —yo fui una de ellas— que ser derivado a un psiquiatra puede significar que estamos perdiendo el juicio o que tenemos «pie y medio» en un psiquiátrico, pero esto no tiene nada que ver con la realidad. La principal diferencia entre ser tratado por uno u otro profesional está más en el tipo de problema que sufrimos y en la necesidad o no de medicación.

Como ya sabes, sufrir ansiedad no significa estar loco, y aunque tu vida se ha podido llenar de miedos irracionales que pueden hacerte sentir raro, ese vivir condicionado por el temor a sufrir un daño, incluso dándonos cuenta de lo irracional que es, solo indica una cosa, que estamos demasiado cuerdos.

Normalmente los trastornos de ansiedad se deben más a problemas de tipo emocional que a problemas únicamente físicos, por ello es recomendable realizar terapia psicológica. En algunos de estos casos puede ser bueno acompañar esa terapia psicológica de otra farmacológica, algo muy frecuente en algunos tipos de obsesiones, traumas, fobias o cuando la ansiedad es muy limitante.

Sea como sea, quien mejor puede aconsejarte y derivarte a uno u otro experto será siempre tu médico, él conocerá tu situación particular y cuál será tu mejor tratamiento.

29. ¿DEBO REALIZAR TERAPIA?

La terapia será más necesaria cuanto más limitado y condicionado te sientas a causa del trastorno que sufres, y quien mejor puede aconsejarte si precisas o no tratamiento es tu médico.

Muchas personas son reacias a tratar estos problemas de tipo emocional o mental —como me sucedía a mí—, ya que la sociedad o nuestras equivocadas creencias pueden llevarnos a pensar que acudir a un psicólogo o un psiquiatra es algo propio de quienes están mentalmente muy enfermos. Quizá teman ser juzgados e incluso crean que nada bueno les aportará este tipo de ayuda, pero, con honestidad, pienso que esas personas se están engañando a sí mismas.

Si sufres ansiedad y este trastorno te limita, puedes darte cuenta de que no tienes un control racional sobre tu reacción a esos miedos infundados, y muchas veces no comprenderás ni los motivos o las causas ni tampoco cuáles son las herramientas para poner remedio a este problema.

Los psicólogos o los psiquiatras son las únicas personas autorizadas para tratar este tipo de problemas, pues ellos mejor que nadie saben cómo funciona la mente, y cuáles son los motivos, terapias y remedios que deben aplicarse. Es una opción para superar la ansiedad y volver a sentirnos bien mucho antes y con mucho menos esfuerzo.

30. ¿CUÁNTO Y CÓMO DEBO MEDICARME?

Existen muchos detalles para tener en cuenta respecto a la medicación, detalles que espero que te ayuden a comprender que medicarse no es bueno ni malo, lo malo es hacerlo como y cuando no debemos. Por eso voy a darte unos consejos breves que ampliaré a lo largo de esta sección, ya que son aspectos fundamentales que hay que considerar si queremos hacer las cosas bien y dejar de sufrir debido a nuestros propios errores:

- *Si te medicas, sigue siempre las instrucciones de tu médico.* Un especialista es la única persona indicada que puede recetarnos ansiolíticos o antidepresivos. Por ello, debe ser un médico quien, tras estudiar tu situación, considere si necesitas medicación, y nada mejor que hacerle caso para recuperarnos en condiciones.
- *La automedicación jamás es una opción.* Los fármacos son peligrosos si son utilizados sin conocimiento y no como debemos. Son peligrosos no solo porque puedan provocarnos daños físicos, sino más bien porque pueden agravar el problema haciendo que se enquiste y nos provoque mucho más malestar del que debería.
- Existen aspectos, como la *dosis y su uso, que hay que tener muy en cuenta, y será nuestro médico quien nos lo indique,* ya que deben usarse paulatinamente y dejarse también poco a poco para que tanto nuestro organismo como nuestra mente puedan realizar ese cambio en el que estamos trabajando con la psicoterapia.

31. ¿ES BUENO (AUTO)MEDICARSE?

Considero que esta es una de las preguntas más importantes a la hora de saber cómo tratar adecuadamente el trastorno de ansiedad, y sea cual sea la manera en que se formule —¿Es bueno medicarse? ¿Puedo automedicarme? ¿Es peligroso tomar pastillas para la ansiedad?—, revela una preocupación que espero ayudarte a aclarar.

Como sabrás, JAMÁS deberías automedicarte y, por el contrario, tendrías que seguir siempre las indicaciones de tu terapeuta. Digo «jamás» porque hacerlo injustificadamente y sin necesidad puede provocar que tu trastorno aumente y se mantenga por muchísimo más tiempo del imprescindible, y ahora intentaré explicártelo.

Los ansiolíticos presentan dos características fundamentales: la tolerancia y la dependencia.

La *tolerancia* hace referencia a la capacidad que tiene nuestro cuerpo para soportar el medicamento, y cuanto mayor sea esta, mayores dosis requerirá nuestro cuerpo para que los ansiolíticos hagan el mismo efecto.

La *dependencia* tiene más que ver con la relación que mantenemos con estos medicamentos. Al igual que sucede con la mayoría de las drogas, cuanto más las usemos, más dependientes seremos de ellas tanto física como emocionalmente. Es decir, crearemos una adicción, y conociendo la ansiedad creo que te será fácil imaginar lo mal que puedes pasarlo si dependes de estas pastillas.

Por todo ello hay que tener cuidado con el uso que hacemos de estos medicamentos, y deberíamos aceptar que al ser el trastorno de ansiedad un problema más emocional que físico, la solución pasa por la acción personal, por centrarnos en la actitud y la mejora, y jamás recurrir exclusivamente a las pastillas.

Los ansiolíticos ayudan a reducir los síntomas de la ansiedad, y en muchas ocasiones pueden ser muy oportunos, pero jamás eliminarán el problema de fondo, los miedos irracionales, la angustia o esa reacción de miedo extremo ante las situaciones que activaron el trastorno.

Tratar el trastorno con ansiolíticos únicamente, sería parecido a querer curar un esguince mediante tranquilizantes. Las pastillas reducirán el dolor pero cuanto más tardemos en realizar la tratamiento, la rotura se hará más grande y profunda, y cada vez necesitaremos más dosis (dependencia) que harán menos efecto —debido a la tolerancia—, y el dolor aumentará. Para superar esta fractura emocional, la solución es tratar el problema de raíz, sin hacernos dependientes de estos «parches» que a la larga no aportarán ningún beneficio.

32. ¿CÓMO FUNCIONA LA MEDICACIÓN?

La ansiedad es un mecanismo adaptativo que tenemos todos los seres humanos, una emoción que genera cambios en nuestro organismo con la intención de ponernos a salvo. Estos cambios se manifiestan en nuestro sistema nervioso, una estructura compuesta principalmente por neuronas.

Las *neuronas* son células que tienen la capacidad de comunicarse entre ellas transmitiendo información a lo largo de este sistema nervioso mediante señales eléctricas conocidas como «impulsos nerviosos».

Estos *impulsos nerviosos* no pueden pasar de una a otra neurona directamente, ya que entre ellas existe un espacio —no se tocan— conocido como «espacio sináptico». Para que pueda darse esta comunicación, son fundamentales los *neurotransmisores*, que son sustancias químicas que permiten la transmisión de información entre neuronas.

Existen *neurotransmisores* que favorecen la respuesta ansiosa, que son hormonas como la adrenalina o la cortisona, pero también otros que por el contrario favorecen el equilibrio de nuestro sistema nervioso, como la serotonina y la dopamina. La funcionalidad de los medicamentos usados para tratar este tipo de trastornos emocionales es, precisamente, *favorecer y regular esa trasmisión de información entre neuronas.*

Los *ansiolíticos* ayudarán así a calmar los síntomas de la reacción ansiosa en el organismo, pero el problema de la ansiedad no está tanto en esos síntomas físicos como en las emociones y hormonas que fluyen por nuestro cuerpo y activan y mantienen el trastorno.

Como estas causas suelen ser más emocionales y mentales que físicas —excepto cuando el motivo se deba a causas únicamente físicas—, la terapia actuará para ayudarnos a desarrollar herramientas que nos permitan gestionar mejor el estrés y el miedo, así como a modificar las creencias implicadas en la percepción de las situaciones como peligrosas para gestionar de forma más efectiva las emociones que genera esta reacción en nuestro cuerpo. Sin embargo, la medicación actuará como una especie de muleta que nos ayude a reducir la reacción ansiosa y el temor, a calmarnos y levantarnos, y poder así realizar el trabajo.

33. ¿CUÁLES SON LOS MEDICAMENTOS MÁS ADECUADOS PARA LA ANSIEDAD?

Entre los medicamentos utilizados para tratar este trastorno, los más utilizados son los ansiolíticos y los antidepresivos.

Los ansiolíticos son los más adecuados para calmar la reacción ansiosa, o lo que es lo mismo, los síntomas de este trastorno en nuestro organismo, produciendo un efecto tranquilizante que consigue reducir en minutos tanto los síntomas como la intensidad y frecuencia de esos episodios de angustia.

Entre los efectos adversos de los ansiolíticos está la somnolencia o alteraciones leves en la memoria, en la atención o la concentración. El dato más importante que debemos tener en cuenta es que en ellos nunca encontraremos la cura, ya que, como acabamos de ver, la ansiedad es un trastorno emocional, y estas pastillas sirven como parche para ayudar a que sea menos complicada nuestra terapia y exposición al problema.

También existen tipos de ansiedad en los que puede ser muy eficiente acompañar la terapia con el uso de antidepresivos, que son los fármacos utilizados para tratar algunos tipos de ansiedad como los trastornos de angustia o el TOC, y entre ellos los más indicados son los conocidos como ISRS (inhibidores selectivos de la recaptación de serotonina).

Los ISRS tienen menos efectos secundarios, no crean dependencia y son conocidos como «selectivos», ya que se diferencian del resto de los antidepresivos en que provocan solo un aumento de un neurotransmisor, la serotonina, involucrado directamente en trastornos emocionales, puesto que niveles bajos de esta sustancia se asocian a la depresión y a las obsesiones.

Estos fármacos son muy efectivos contra la ansiedad y tienen escasos efectos colaterales (principalmente, el aumento de peso, la somnolencia o la disfunción sexual). Los primeros días puede notarse algún efecto secundario como náuseas, dolores de cabeza o un incremento transitorio de la ansiedad, por ello es conveniente iniciar el tratamiento con dosis bajas y asociarlos con tranquilizantes en las primeras semanas.

No hace falta decir que, como siempre, será el médico quien estudie tu caso particular y decida si te conviene hacer uso de ellos o cuál puede ser el fármaco más adecuado para tratar tu problema.

34. ME HAN RECETADO ANTIDEPRESIVOS, ¿SIGNIFICA ESO QUE ESTOY DEPRIMIDO?

Los fármacos actúan en tu organismo regulando un equilibrio hormonal que favorecerá una comunicación eficiente entre neuronas, lo cual nos ayudará a actuar de una manera más positiva ante la vida.

Los *antidepresivos* reciben este nombre debido a que son los medicamentos más adecuados para tratar el trastorno depresivo, aumentando los niveles de hormonas como la serotonina y la noradrenalina, pero este nombre no debe confundirnos, ya que estos fármacos también pueden utilizarse para tratar otra clase de trastornos.

En el caso del trastorno de ansiedad, existen tipos o manifestaciones de este trastorno, como el TOC o las fobias de impulsión, en los que el uso de los antidepresivos conocidos como ISRS resultan muy adecuados debido al efecto directo en la reducción de las obsesiones y la rumiación de pensamientos negativos. Asimismo, hay antidepresivos que pueden ayudar a reducir el malestar emocional y la angustia y a una mejor gestión de las emociones.

También es común que a la ansiedad se le una un trastorno de tipo depresivo, debido a la angustia que esta dificultad provoca, por lo que son muchos los casos en que estos fármacos se añaden al uso de ansiolíticos, o incluso pasan a utilizarse en exclusiva, para el trastorno de ansiedad.

Si sufrimos depresión a causa de la ansiedad, debemos entender que es la ansiedad el problema de fondo y este será el trastorno principal que habrá que tratar. Una vez superado, se eliminará la angustia y el malestar que generó el trastorno depresivo.

Como hemos visto, tomar antidepresivos no tiene por qué ir ligado a sufrir depresión. Pero si así fuese, deberemos tratar nuestro problema como nos indique el médico, pues siempre es más recomendable dejarse ayudar que intentar solucionarlo solos, sobre todo cuando existe un desequilibrio en el que el uso exclusivo de la razón no sirve de mucho.

35. ¿LOS ANSIOLÍTICOS PUEDEN ELIMINAR LA ANSIEDAD POR SÍ SOLOS?

Uno de los principales errores y uno de los mayores problemas que hace que la ansiedad se mantenga durante más tiempo del que debería, está relacionado con esa falsa idea que se tiene sobre la ansiedad y los ansiolíticos.

Es muy importante entender que estas pastillas pueden reducir los síntomas y hacer la convivencia más fácil —en ocasiones—, pero jamás solucionarán el problema. Los ansiolíticos pueden ayudar a sobrellevar mejor la convivencia con los síntomas e incluso a exponernos a muchos de nuestros miedos, pero del mismo modo que ante una fractura es necesario reparar el daño y realizar rehabilitación, ante un problema emocional como este, el tratamiento irá dirigido a gestionar de otra manera los motivos que lo activaron hasta conseguir que desaparezca.

Si utilizamos únicamente medicamentos, estaremos intentando tapar el dolor que provoca la ansiedad, estaremos, por tanto, tratando el efecto y no la causa, algo que solo hará tu problema más complicado de superar, ya que, como sabes, el cuerpo tolerará cada vez mejor estos fármacos y se hará más dependiente de ellos, consiguiendo un menor efecto sobre los síntomas y ninguno sobre el problema de fondo.

36. ¿TENDRÉ QUE TRATARME O MEDICARME DURANTE TODA LA VIDA?

La respuesta a esta pregunta va de la mano de esa otra duda que la mayoría de las personas con ansiedad nos hemos hecho acerca de si la ansiedad tiene o no fin.

La ansiedad provoca cambios en nuestra vida. Si nunca habíamos tenido que vernos las caras con algo parecido y percibimos que los síntomas y esta reacción ansiosa no solo no pasan sino que aumentan, es normal pensar que tal vez no desaparezca y que quizá tendremos que medicarnos o realizar terapia durante el resto de nuestra vida.

Pero, como sabes, el trastorno de ansiedad se puede superar siempre. Conseguirlo puede llevar más o menos tiempo, en función de la historia personal de cada uno, pero tanto la ciencia como los médicos y todos los que hemos padecido este problema, podemos asegurarte que tiene un final —aunque también es cierto que puede volver a presentarse si no nos cuidamos.

Deberíamos comprender que la terapia o el tratamiento consiste en un conjunto de acciones y herramientas que nos ayudan a superar un problema. Es una acción necesaria siempre que suframos un trastorno como este, ya que contribuye a que entendamos que *en el mismo momento en que decidimos y empezamos a afrontar y tratar nuestro problema de ansiedad, comenzamos a sentirnos mejor.*

La psicología revela que las terapias cognitivo conductuales actuales, unidas en ocasiones al tratamiento farmacológico, son totalmente eficaces en el tratamiento de la ansiedad.

El objetivo de estas terapias es que el paciente sea capaz de enfrentarse a las situaciones que le provocan esa reacción emocional aplicando determinadas estrategias y conocimientos sin necesidad de un tratamiento continuo.

No obstante, también es frecuente que algunas personas vuelvan a sufrir algún tipo de trastorno de ansiedad y tengan que hacer terapia en algún momento a lo largo de su vida.

Si en tu caso surge esta duda, puedes estar tranquilo. Una vez superas en condiciones la ansiedad, dejas de temerla, y si se presenta de nuevo, contarás con las herramientas necesarias para volver a superarla. Por todo ello, y recordando ese dicho de «no hay mal que por bien no venga», *deja de preocuparte e intenta poner en valor todas las cosas buenas que te ha aportado esta experiencia.*

37. ¿LOS FÁRMACOS PUEDEN CAUSARME ALGÚN DAÑO?

La mayoría de los medicamentos pueden tener efectos secundarios, otro motivo por el que siempre es fundamental seguir las indicaciones de un profesional de la medicina. También es importante saber que tanto su dosis como su uso deben estar controlados, pues hay medicamentos que presentan contraindicaciones e incluso algunos pueden eliminar el efecto de otros.

No obstante, si ha sido tu médico quien te ha recetado estas pastillas, debes asumir que van a ayudar a que te encuentres mejor en menos tiempo. Por todo ello, si tienes esta preocupación, no le des demasiadas vueltas, tranquilízate y haz caso a tu médico, ya que si te ha recetado esos medicamentos es porque ha tenido en cuenta tu historial, tu situación particular, y hacer uso de ellos puede comportar más beneficios que problemas.

38. NO QUIERO MEDICARME. ¿MEDICARSE ES DE DÉBILES? ¿HACERLO VA A EMPEORAR MI VIDA?

Muchas personas son reacias a buscar ayuda profesional, como las hay contrarias a hacer uso de medicamentos, y siempre son el desconocimiento y el miedo los motivos que impiden traspasar ese umbral de las propias creencias limitantes.

Soy de la idea —la vida me lo ha demostrado, y puede que lo haya hecho también contigo— de que si necesitamos resolver un problema y existen personas que ya lo conocen, han pasado por ello o lo han superado, seguramente nos cueste mucho menos esfuerzo, tiempo y disgustos ayudarnos de sus conocimientos para resolverlo.

Por todo ello, si no crees en la medicación que te han recetado, sugiero que hagas la prueba y sigas las instrucciones de quien más sabe, ya que quizá te estés equivocando.

Confiando en que tu médico es un profesional, deberías entender que sus estudios e investigaciones, e incluso los de la comunidad científica y buena parte de la ciencia en los últimos siglos, han permitido certificar que estos fármacos tienen un efecto positivo y decisivo en la mejora en este tipo de problemas. De modo que aconsejan y recomiendan su uso cuando lo creen necesario.

Teniendo todo eso en cuenta, puedes estar seguro de que los consejos médicos no empeorarán tu vida sino todo lo contrario. Es posible que inicialmente observes cambios, y también puede que alguno de ellos no te convenza demasiado, pero confía en el tratamiento y en tu recuperación, date tiempo y, si lo necesitas, haz todas las preguntas que consideres.

Todos deberíamos aceptar que si en la vida podemos sufrir problemas físicos que precisan medicación, lo mismo puede ocurrir cuando el problema afecta nuestra mente. Cuando esto sucede, es mucho más oportuno iniciar un tratamiento lo antes posible para superar el problema, que permitir un empeoramiento sin hacer caso a la ciencia o dejándonos llevar por nuestros limitados conocimientos, ¿no crees?

39. ¿LA ANSIEDAD PUEDE CURARSE SIN NECESIDAD DE MEDICACIÓN O PASTILLAS?

Existen determinadas circunstancias en que es aconsejable y eficiente el uso de la medicación, como en el caso de las obsesiones, la ansiedad mantenida durante muchos años en el tiempo, fuertes crisis de pánico o algunas fobias.

Pero en el caso de otros tipos de ansiedad y modos en que se presenta, es posible calmar los síntomas, y recuperar el uso de la «buena razón», mediante herramientas más naturales o sin utilizar fármacos. Si crees que este es tu caso, confías en ti y tus posibilidades, y no te sientes especialmente limitado por tu trastorno de ansiedad, te animo a que descubras los mejores ejercicios y herramientas —algunos puedes encontrarlos en mis anteriores libros— que te ayudarán a relajar esos niveles de estrés alterados y síntomas que sientes.

Al superar este trastorno, la máquina que conforma tu cuerpo recobrará el equilibrio, un estado en el que los niveles de estrés y cambios químicos provocados por tus emociones sean adecuados y no te alteren en exceso. Esta situación, siempre que la ansiedad no sea muy potente, se puede conseguir con cuidado personal, sencillos ejercicios e incluso con medicina natural, mediante hierbas o infusiones.

40. ¿EXISTE MEDICINA NATURAL PARA TRATAR LA ANSIEDAD?

Muchas personas son reacias a utilizar medicamentos, ya sea por miedo a sus efectos secundarios o a que les generen una adicción. Si esto te plantea dudas, me gustaría decirte que, siempre que sea el médico quien lo considere oportuno y cuando nos recete para tratar un problema, no debemos tener miedo, ya que puede ser una de las maneras más agradables y efectivas de manejar esta situación.

Aparte de ello, creo que es importante comprender las verdaderas diferencias entre la medicina natural y la convencional (médica), puesto que podemos pensar erróneamente que los productos naturales no provocan efectos secundarios o carecen de compuestos químicos, cuando no siempre es así.

Como sabes solo un médico puede recetar medicamentos como los ansiolíticos. También es lógico y normal que sea este tipo de medicina convencional la prescrita por ellos —en lugar de hierbas o productos naturales—, ya que sus estudios, unidos a los de la historia de la medicina, han hecho posible comprender los efectos positivos de esta clase de fármacos en sus terapias, mientras que no tienen conocimiento sobre la efectividad de los remedios más «naturales».

Existen hierbas y remedios naturales que no necesitan receta y pueden obtenerse fácilmente en herboristerías, farmacias o mercados. Pero es importante comprender que, en el caso de que hagamos uso a la vez de otro tipo de medicamentos, los remedios naturales pueden limitar o eliminar los efectos de los fármacos, por lo que siempre es recomendable que lo hables con tu médico.

En el caso de que no hagas uso de otros fármacos, que tu doctor no te ponga pegas, y quieras darle un pequeño empujón a tu proceso de superación con este u otro problema, aprovecho para comentarte que existen *medicinas naturales*, como el hipérico —a mí me ayudó muchísimo— o el triptófano, muy utilizadas y aconsejadas para tratar tanto la ansiedad como la depresión leve y otros problemas emocionales. Estas sustancias ayudan tanto a equilibrar nuestro organismo y nuestras emociones como a potenciar la buena química interna, ayudándonos a mantener una actitud más positiva.

También hay hierbas como la valeriana, la tila, la melisa o la manzanilla que son muy útiles para reducir tensiones, mejorar el sueño y solucionar algunos problemas digestivos, así como para activar esa calma que reducirá tus niveles de estrés.

En el caso de que tu ansiedad sea leve o moderada y no te hayan prescrito el uso de fármacos, te recomiendo informarte sobre esas sustancias naturales. Si lo consideras oportuno y te ayudas de ellas, ten en cuenta siempre que usándolas estás dando un pequeño empujón para mejorar tu situación, pero que *nunca estas sustancias harán el trabajo por ti.*

41. ¿CÓMO PUEDO AYUDAR A UN SER QUERIDO A SUPERAR LA ANSIEDAD?

Al haber sufrido la ansiedad en mis propias carnes, considero que no hay nada más importante que sentirse comprendido. Por ello, si tu intención es ayudar a otros a sentirse mejor y recuperarse, es fundamental que entiendas primero lo que supone convivir con este trastorno.

Es importante que reconozcas y entiendas que aunque pueda parecer del todo ilógico, cuando se sufre este problema ciertos estímulos condicionan nuestro comportamiento, ya que pasamos a estar dominados por nuestro cerebro emocional.

La ansiedad es un mecanismo que tenemos todos los seres humanos y se activa para intentar gestionar las situaciones amenazantes, una máquina que cuando toma el control no puede ser desactivada con el solo uso de la lógica. Se necesita mucha comprensión, tolerancia y compasión, dado que cuando estamos controlados por esta emoción, solemos reaccionar de una manera absurda o desmesurada, incluso dándonos cuenta de lo irracional de nuestros miedos o pensamientos.

El apoyo y el cariño en el proceso es fundamental, ya que aporta calma y grandes dosis de esa buena química que tanta falta hace cuando se sufre un desequilibrio de tipo emocional. Por ello es importante que te informes bien sobre qué es y cómo funciona este trastorno, conozcas las limitaciones que vive quien lo sufre e intentes ser más flexible en sus necesidades, así como más realista y objetivo en tus expectativas.

Ser comprensivo no significa deber aceptarlo todo, por ello deberíamos ayudar a reconocer a la persona que sufre la parte objetiva de su situación, animándola a trabajar en su mejora y a que reconozca cuándo puede estar dejándose llevar por el pánico, cuándo es el momento de relajarse, o cuánto bien puede hacer sentir un beso o un abrazo. Estas emociones positivas servirán para contrarrestar esas otras sensaciones que generan malestar. Ayudar a alguien con ansiedad es darle amor y cariño, pero también motivarlo y empujarlo, e incluso hacerle saber si se está equivocando.

Y tan importante como motivar, acompañar y comprender a la persona que sufre es reconocer que en ocasiones habrá que buscar ayuda profesional. En función de la personalidad, el tipo de trastorno y los motivos particulares, deberá valorarse si es apropiado realizar terapia.

En el caso de que se realice tratamiento, también podemos ayudar como coterapeutas. Si lo intentamos hay que tener en cuenta que lo mejor es recibir instrucciones por parte del especialista para saber cómo acompañar en las exposiciones al paciente o apoyarle en el proceso.

Y sea cual sea tu caso, si alguien cercano a ti está sufriendo ansiedad, tu apoyo será fundamental, pero es importante hacerle entender que nada ni nadie hará el trabajo por él.

42. ¿CÓMO PUEDO AYUDAR A ALGUIEN ANTE UN ATAQUE DE ANSIEDAD?

Los que hemos sufrido una crisis de ansiedad reconoceremos que seguramente sea una de las experiencias más terroríficas y desagradables que podemos vivir. Cuando sucede, perdemos el control de nuestro cuerpo y de nuestra mente, pensamos que el final se acerca, y esta se convierte en una sensación muy difícil de gestionar.

Así pues, tanto para afrontar una crisis de ansiedad personal como para ayudar a alguien que la está sufriendo, es preciso comprender bien que no se trata de una situación deseada y que muchas veces salir de ella no consiste únicamente en desearlo, calmarse o reconocer lo irracional de esos temores. Cuando se produce un ataque de ansiedad, este mecanismo muy evolucionado nos invade de una manera tan extrema que costará recuperar el control. Y para entender cómo tratar los picos de ansiedad es bueno tener en cuenta estos consejos:

- Lo primero es reconocer y comprender que se trata solo de ansiedad. Por muy molesto y complicado que sea el malestar, reconocer que esta situación no es peligrosa ni dañina para nuestra salud puede ayudar a rebajar la potencia de los síntomas.

- En consecuencia, si alguien cercano sufre un episodio desagradable de ansiedad, es muy importante recordarle que el malestar termina pasando. Si ya ha sufrido al menos una crisis podrá asumir que, a pesar de que las sensaciones son muy intensas, no son peligrosas, y que poco a poco irán desapareciendo.
- No le digas que se calme, pero ayúdale a conseguirlo. Comentarios como «Cálmate» o «No es nada» sirven de muy poco, porque si la persona pudiera calmarse, ya lo habría hecho. Además, si restas importancia a lo que sucede, quizá consigas que quien está sufriendo el ataque se sienta recriminado y no logre relajarse.
- Ayúdale a respirar lentamente. La hiperventilación es el elemento clave que hace que estas crisis se mantengan, por ello para conseguir que desaparezcan no hay nada mejor que controlar y modificar este modo erróneo en que respiramos cuando sufrimos un ataque. Practicar la respiración diafragmática lenta, y aconsejar a la persona que tiene el ataque a hacerlo, será el mejor remedio.
- Ayúdale a distraerse y cambiar el foco de atención. Aconséjale concentrarse en otra cosa y no

en sus síntomas o en el temor que le hacen sentir.

- Dale espacio. Sufrir estos ataques provoca muchísimo malestar, por lo que la persona necesita un espacio donde poder calmarse y volver a respirar en condiciones. Es fundamental ofrecerle ayuda pero al mismo tiempo espacio para que se sienta más seguro y relajado.
- No le exijas, intenta hablar claro y de manera relajada. Puedo asegurarte que vivir una de estas crisis no es para nada una experiencia agradable. Para ayudarle, no te dejes llevar tú también por las prisas o el pánico, y cálmate. Relájate y comprende que, como has visto, hay muchas maneras de apoyarle, y que si le hablas con voz firme y serena podrás rebajar su nivel de agitación.

43. ¿LOS NIÑOS PUEDEN SUFRIR ANSIEDAD?

El trastorno de ansiedad es uno de los motivos más comunes de visita al médico, tanto en adultos como en niños y adolescentes, una patología que se estima que sufre entre el 10 y el 20 por ciento de estos últimos. Estas manifestaciones del trastorno en menores varían en función de la edad y del desarrollo emocional.

Es normal que en las primeras etapas de la infancia la ansiedad se presente de manera más física, es decir, en forma de llanto sin motivo, pérdida de apetito, trastornos del sueño, apego excesivo a los padres, dolores de cabeza o dudas y temores constantes.

A medida que los niños crecen, aumentan las capacidades de comunicación, y entonces pueden aparecer síntomas de tipo mental, como angustia, obsesiones, compulsiones o rituales, dificultades de concentración y atención, problemas de memoria o miedos irracionales.

En cierto sentido, los jóvenes pueden ser más vulnerables a sufrir en mayor medida este tipo de problemas emocionales, y lo más importante es mantener una buena comunicación con ellos y en el caso de creerlo necesario, acompañarles al médico para obtener un diagnóstico y un tratamiento.

44. ¿CÓMO PUEDO AYUDAR A MI HIJO CON ANSIEDAD?

No hay nada mejor que acudir al médico para que sea quien evalúe los síntomas de tu hijo y pueda descartar otros problemas, lo cual ayudará a diferenciar los miedos «normales» o evolutivos de otros irracionales.

Si se diagnostica que tu hijo sufre este trastorno, es fundamental que los padres entendáis realmente qué es y cómo se trata, y podáis así ayudar al niño a manejar ese tipo de situaciones, acompañándolo también en la terapia. Para ello voy a intentar darte algunos consejos que puedes empezar a poner en práctica:

- En lugar de ayudar a tu hijo a evitar o escapar de esas situaciones que lo angustian —algo que agudiza y mantiene la ansiedad—, apóyale para que afronte sus miedos y se sienta orgulloso de sus logros.
- Infórmate y habla con él sobre la ansiedad, explícale por qué su organismo se comporta como lo hace y cómo puede calmar su cuerpo y su mente cuando lo necesite, sin dejarse llevar por el pánico.
- Ayúdale a desarrollar herramientas para controlar y gestionar mejor el estrés y sus emociones. Hacer deporte, aprender técnicas de respiración y distracción o comunicar y comprender sus emociones le servirá no solo para tratar con este problema, sino también para gestionar mejor otros que puedan generarse en el futuro.

- Muchas veces los pequeños imitan a sus mayores, por ello también puede ser de ayuda que controles y domines tus reacciones ante situaciones que le provocan más angustia o ansiedad.
- Ayúdale a mantener un estilo de vida sano, practicar ejercicio, desarrollar buenos hábitos para comer y dormir, reducir los tiempos de ordenador y videojuegos, y otras costumbres saludables que seguramente reducirán sus niveles de ansiedad.

45. ¿LA MARIHUANA O EL CANNABIS PUEDEN REDUCIR MI ANSIEDAD?

Muchas personas tienden a creer que el efecto de drogas como la marihuana es depresor o tranquilizante, y por ello pueden ayudar ante este tipo de problemas «nerviosos», pero la realidad dice todo lo contrario, ya que provocan un estado de euforia que altera diversos receptores de nuestro sistema nervioso.

Existen muchos movimientos sociales a favor de legalizar el cannabis debido a sus propiedades «beneficiosas», pero se debería tener en cuenta que su consumo continuado no es nada saludable ni recomendable. Esos «supuestos efectos positivos», en comparación con sus consecuencias negativas, no justifican en absoluto su consumo.

El hecho de que la planta posea un principio activo con «posibles» resultados favorables, y que la investigación médica lo observe como una opción terapéutica —solo para casos y pacientes muy concretos, siempre aislando su principio activo y controlando su dosis—, no quiere decir que su consumo sea beneficioso.

Los efectos de una intoxicación, o lo que se conoce como un «mal viaje», pueden provocar ansiedad, despersonalización, pánico, sensación de muerte, paranoia, parálisis o alucinaciones, entre otros muchos síntomas y dificultades. Por eso me atrevo a preguntarte: *¿Todavía crees que la marihuana es buena?*

Los conocidos como «buenos viajes» son esos estados en los que los efectos del cannabis estimulan la liberación de hormonas que generan la sensación de bienestar que busca quien la consume. Pero teniendo en cuenta la cantidad de alteraciones y problemas que están detrás de su uso, creo que en caso de hacerlo deberíamos ser mucho más precavidos.

Como sabrás, las drogas son una de las causas más directas y fatales de enfermedades mentales o problemas emocionales. Y dado que su consumo está detrás de un gran número de peligrosas patologías con las que nunca deberíamos jugar, sería conveniente aceptar que el beneficio jamás compensará el daño que pueden provocar. Son numerosos los estudios que indican que consumir drogas aumenta considerablemente no solo el riesgo de aparición del trastorno de ansiedad, sino también de muchas otras enfermedades psiquiátricas.

MIEDOS, FOBIAS
Y OBSESIONES

El miedo es mi compañero más fiel,
jamás me ha engañado para irse con
otro.

WOODY ALLEN

En mi mente yo era, o mejor dicho creía poder ser,
todas esas personas que más odiaba... La vida
hacía posible que cualquiera de las cosas que
más temía y repudiaba sucedieran. Costaba entender el motivo de mis obsesiones, era muy
complicado no dudar una y otra vez de lo que hacía, o no sentir dolor y angustia ante esos temores
y pensamientos tan horribles. Pero en ocasiones

mi organismo volvía a calmarse, y era en aquella calma donde podía por fin ser realista y objetivo. Justo entonces aprovechaba para hacerme estas preguntas: «¿Esa persona que creaban mis miedos era realmente yo? ¿Deseaba de verdad que esas horribles escenas creadas por mi ansiedad ocurriesen?».

La respuesta era clara: «No»; pero no un «no» cualquiera, sino el «no» más rotundo y contundente que jamás mi mente hubiera podido concebir. Esa respuesta no dejaba lugar a dudas ni contemplaba preocupaciones, era un veredicto que me ayudaba a entender que todas aquellas realidades, peligros y posibilidades que desgraciadamente existen en el mundo, solo significaban una cosa, la que más repudiaba yo con todas mis fuerzas...

Cuánta culpa, dolor y lágrimas me habría ahorrado si hubiese reconocido siempre que aquello no era yo, sino solo una más de las formas en que podía presentarse este trastorno. Por desgracia, la ansiedad seguiría conmigo, y eso solo quería decir una cosa: *Volverían las dudas, los temores y la angustia, pero por fortuna también regresarían esos preciosos momentos de calma, en que todo retornaría nuevamente a su sitio.*

46. ¿QUÉ DIFERENCIAS HAY ENTRE ANSIEDAD Y MIEDO?

Cualquiera que haya vivido este trastorno puede afirmar que la ansiedad es lo mismo que el miedo, o, mejor dicho, es lo mismo que vivir dominados por el miedo. Pero no se trata de una angustia cualquiera, sino de un temor tan irracional y desmesurado que nos hace sentir literalmente que algo fatal está a punto de suceder. Se trata de un miedo constante y enfermizo que podemos incluso reconocer como ilógico, pero que, aun así, nos mantiene siempre alerta y preocupados.

El miedo es una sensación de angustia provocada por la presencia de un peligro real o imaginario; es una sensación o reacción a un estímulo, cuya intención es protegernos.

La ansiedad, por su parte, es una emoción universal y adaptativa que nos ayuda a responder eficazmente a situaciones amenazantes, una respuesta de alarma que surge cuando la persona necesita reaccionar ante situaciones, acontecimientos o estímulos que podrían poner en riesgo su vida.

Puedes ver que tanto el miedo como la ansiedad son emociones, respuestas normales, necesarias, adaptativas e incluso positivas, ya que ambas nos preparan para responder ante situaciones que requieran una reacción adecuada y rápida para mantenernos con vida.

Para comprender mejor la relación entre ambas emociones, debemos saber que la emoción que activa la ansiedad es siempre el miedo.

Una o varias sensaciones de temor indican la existencia o posibilidad de un peligro, tras esto nuestra amígdala, ayudada de la memoria emocional (el hipocampo), evaluará la situación, y en el caso de entenderla como potencialmente peligrosa activará la ansiedad y generará esos cambios en nosotros que nos preparan para actuar. Podemos resumir, por tanto, que es el miedo la emoción que nos alerta de esa necesidad de activar la ansiedad, *el mecanismo de alarma más evolucionado del reino animal.*

47. ¿CUÁL ES LA DIFERENCIA ENTRE ANSIEDAD Y PÁNICO?

El pánico es un *aumento súbito de la ansiedad,* una situación que alcanza su plenitud en los primeros minutos. Cuando sucede, sufrimos el conocido como «ataque de pánico», una experiencia que nos hace sentir que realmente podemos morir o perder el control de la situación. Si lo has vivido, coincidirás conmigo en que hay pocas experiencias tan terroríficas como esta.

Cuando se dan estas crisis, la sensación de miedo y pérdida de control lo envuelve todo, el corazón comienza a palpitar con tanta fuerza y potencia que nos hace pensar que el cuerpo puede fallar o que perderemos el control, la respiración se hace entrecortada hasta el punto de hacernos creer que podemos ahogarnos, y otros síntomas tanto físicos como mentales solo nos llevan a concluir que el fin parece estar más cerca que nunca.

La principal diferencia entre el pánico y el trastorno de ansiedad es que los ataques de pánico ocurren cuando el sistema nervioso se siente bajo amenaza, son momentáneos y nos hacen sentir la ansiedad en su máxima expresión, mientras que la ansiedad persiste en el tiempo, ya que conviviendo con esta emoción vivimos en un estado de alerta continuo.

48. ¿QUÉ SON LAS FOBIAS? ¿CUÁLES SON LAS DIFERENCIAS ENTRE EL MIEDO Y LAS FOBIAS?

Las *fobias* se definen como un *temor intenso e irracional, de carácter enfermizo, hacia una persona, un elemento o una situación.*

Con ello, podemos entender que mientras que el *miedo* es una *reacción proporcionada y lógica* a la situación que lo provoca, la *fobia* es una *reacción desproporcionada de miedo extremo a estímulos o situaciones.*

Cuando se sufre una fobia, incluso siendo conscientes de que el miedo es del todo irracional, no es sencillo controlar nuestra reacción, por lo que suele activarse la ansiedad y notamos sus síntomas. Estos a veces son tan intensos que provocan que muchas personas eviten ese tipo de situaciones, condicionando sus vidas.

Mientras que el miedo es lógico y necesario para la evolución del ser humano, las *fobias* limitan la vida de quien las sufre, por lo que es obligatorio centrarse en ellas e incluso realizar terapia para ponerles fin.

49. ¿CÓMO NACEN LAS FOBIAS?

Intenta imaginar el cerebro como un gran ordenador que desde que nacemos procesa nuestras experiencias y almacena la información en nuestra memoria, seamos conscientes o no de ello.

Ahora imagina que cuando eras niño un día estabas disfrutando en la playa y una ola te arrastró con fuerza, dándote un gran revolcón y haciéndote tragar mucha agua. Esta experiencia te provocó un susto tan grande que temiste por tu vida, ya que realmente sentiste que de haber dado alguna vuelta más podrías haber muerto ahogado.

Esta experiencia se quedó grabada en tu hipocampo o memoria emocional, relacionando el peligro con ese tipo de situaciones. A partir de entonces, tu cerebro se ha acostumbrado a leer rápidamente la palabra «peligro» siempre que te acercas al mar o incluso a una pequeña piscina, y lo hace de una forma automática e involuntaria.

Con el paso de los años, tal vez hayas olvidado aquel incidente, pero tu cerebro seguirá reaccionando de una manera fóbica y automática ante todo lo relacionado con el agua y el mar. Esta es la manera en que nacen y se mantienen las fobias en las personas, porque el fuerte impacto emocional nos sugestiona y domina de un modo que es complicado gestionarlo únicamente mediante el uso de la razón.

Al repetirse una situación similar, la aparición del estímulo fóbico —o cualquier elemento relacionado con él— vuelve a generar la misma sensación y en parecida intensidad que cuando vivimos de verdad aquella experiencia traumática o desagradable. Una situación que hará que reaccionemos evitando este tipo de experiencias, alimentando de este modo el miedo irracional y haciéndolo más potente.

Es así como estos absurdos temores limitan seriamente la vida de quien los sufre. Casi todo el mundo ha sufrido situaciones que han derivado en fobias, y así le ocurrió de pequeño a mi hermano Berni cuando creyó que iba a ahogarse en un lago de nuestro pueblo, Erentxun. Esta experiencia, aún hoy, casi treinta años después, le provoca pánico cuando se halla en un escenario similar.

Según el tipo de fobia que suframos, tendremos dificultades para hacer vida normal, evitaremos salir a la calle, subirnos a un coche o a un ascensor, o realizar cualquier otro tipo de actividad social. Muchas veces puede ser difícil comprender el origen de estos temores, ya que cualquier experiencia traumática ha podido ser almacenada en nuestra memoria emocional cuando éramos niños y quizá no la recordamos. La psicoterapia puede ser la mejor ayuda para descubrir esos traumas o situaciones pasadas que han provocado estas fobias.

50. ¿QUÉ TIPOS DE FOBIAS EXISTEN?

Hay muchos tipos de fobias, casi tantos como elementos, ideas o situaciones que puedas imaginar. Si aprendemos a diferenciarlas podremos entenderlas y buscar soluciones. Estas son las fobias más comunes:

- *Hacia los animales.* Suele nacer en la infancia o adolescencia, y pueden durar toda la vida si no son tratadas. Es un temor irracional y descontrolado hacia gatos, perros, palomas, insectos, serpientes, o cualquier otro animal, y se desencadena tanto con su presencia como al verlos representados o imaginarlos. Cuanto más común y socialmente aceptado sea este animal, más condicionará la vida de quien sufre la fobia —ya que se lo encontrará más veces—, y cuanto mayor sea este condicionamiento, más necesario será acudir a un especialista.
- *Hacia la sangre, las agujas o el daño físico.* Es un temor extremo hacia objetos, agujas y material quirúrgico, hacia la sangre o a poder hacerse daño. Quienes sufren esta fobia experimentan ansiedad anticipatoria antes de realizar una analítica, acudir al médico o ir al hospital,

o ante la visión de sangre, heridas o agujas. Como sucede con cualquier tipo de fobia, cuanto más nos condicione, más recomendable es realizar terapia.

- *Al ambiente o la naturaleza.* En este caso la fobia está asociada a fenómenos meteorológicos o naturales, como los rayos, las tormentas, los espacios cerrados (claustrofobia), la altura y el mar o cualquier otro espacio natural.
- *A determinadas situaciones.* Se dan cuando surge un temor irracional a situaciones sociales o espacios que dificultan el escape, como el miedo a los túneles, a los ascensores, a los autobuses, a quedarse solo, a la oscuridad, a enfermar, a volar, o a cualquier otra experiencia que puede vivirse con una gran angustia y ansiedad. Este tipo de fobias está muy relacionado con los ataques de pánico.
- *Otras fobias específicas.* Existen muchísimos tipos de fobias como el miedo a sufrir un infarto, o cardiofobia, a padecer una enfermedad, a hacerse o hacer daño, a atragantarse, y a cualquier otra situación que evoque en la persona un riesgo para su vida o la de un ser querido.

51. ¿CÓMO TRATO CON LAS FOBIAS?

Dependiendo del tipo de ansiedad que se padece, existen terapias más o menos adecuadas, y en el caso de las fobias no existe mayor necesidad que *normalizar el temor que nos generan*, o lo que es lo mismo, evaluar la situación en su justa medida para eliminar ese impacto emocional que nos lleva a reaccionar con ansiedad cuando no deberíamos.

Las fobias suponen temores tan extremos e irracionales que generan un impacto tan enorme en quien lo sufre que obligan al cerebro emocional a gestionar esas situaciones al considerarlas potencialmente peligrosas. Cuando esto ocurre, la lógica pasa a tener muy poco control de la situación, y debido a ello reaccionamos de un modo automático, evitando o escapando de ese estímulo o situación que se ha asociado a la fobia.

Para conseguir superar esa ansiedad que nos generan las fobias deberemos reducir la carga emocional que hemos asociado a este tipo de estímulos, hasta conseguir normalizar nuestra reacción tanto en la mente como en el cuerpo, y para hacerlo deberemos *exponernos* a esos miedos irracionales; es muy recomendable hacerlo *de manera gradual*. Por ello una de las técnicas más utilizadas para tratar las fobias es la llamada «terapia de exposición».

52. ¿QUÉ SON LAS OBSESIONES?

La palabra «obsesión» proviene del latín *obsessĭo*, que significa «asedio». Se trata de una *perturbación mental producida por una idea o temor fijo, que con persistencia asalta o asedia —de ahí el término latino— nuestra mente.*

Las *obsesiones*, por tanto, son *pensamientos, impulsos o imágenes recurrentes y persistentes que se experimentan como intrusas —de ahí que también se las denomine «pensamientos intrusivos»— o no deseadas —en muchas ocasiones totalmente contrarias a quien las padece— y que en la mayoría de los sujetos causan ansiedad, angustia o un malestar importante.*

Las obsesiones se dan, en mayor o menor medida, en todo trastorno de ansiedad, generan pensamientos o temores irracionales contrarios a toda lógica y persisten más allá de los esfuerzos por librarnos de ellos, haciéndose más fuertes —así funciona la mente— cuanto más luchemos por rechazarlos —sobre todo si sufrimos de ansiedad patológica—. Esta preocupación es complicada de gestionar, pues acapara toda la atención de quien la sufre, dado que va siempre acompañada de un angustioso sentimiento de ansiedad. Se crea así un círculo vicioso que se retroalimenta, ya que en ocasiones los pensamientos intrusivos atraerán la ansiedad, y otras veces será al contrario, y los síntomas de la ansiedad se convertirán en los activadores de estas obsesiones.

53. ¿CÓMO NACEN LAS OBSESIONES?

Tenemos la creencia de que somos capaces de pensar o dejar de pensar cuándo y cómo deseemos, pero la mente no funciona así. Por ejemplo, en el momento en que deseamos dejar de pensar en algo, el mero hecho de intentarlo hará que consigamos precisamente lo contrario, es decir, que pensemos más en ello.

Carl Jung, uno de los psicoanalistas más importantes y reconocidos de la historia, lo constató hace muchos años con esta frase: «A lo que te resistes, persiste con mucha más fuerza».

Haz la prueba: intenta «no pensar» en un elefante rosa volando, inténtalo durante unos minutos, *¿a que no puedes dejar de pensar en ello?*

Ante las fobias y el malestar que estas nos generan, la primera y lógica reacción es intentar eliminar esas ideas o temores de nuestra mente, sin darnos cuenta de que al hacerlo lo que logramos es justamente lo contrario, es decir, conseguimos reforzar esos temores y hacer que persistan y se conviertan en más potentes y limitantes. Así es como nacen las obsesiones.

Por ello, es lógico que las personas que tienen un profundo temor a la muerte, a infligir daño, a sufrir un ataque al corazón o a enfermar, conviertan sin darse cuenta ni desearlo esos miedos en obsesiones. De este modo, con unas ideas tan irracionales y contrarias al ser humano, la vida de una persona se puede ver totalmente condicionada.

Muchas veces estos temores irracionales están tan presentes, son tan alarmantes y provocan tanto malestar que quien los sufre intenta con todas sus fuerzas eliminarlos de su mente. Pero cuanto más nos empeñamos en no tener ese tipo de pensamientos para reducir así la sensación de ansiedad, menos conscientes somos de que estamos consiguiendo el efecto contrario, ya que así surgen las obsesiones.

Las obsesiones, al igual que sucede con las fobias, nacen a partir de experiencias vividas con un fuerte impacto emocional, como traumas, accidentes, situaciones que nos han marcado, e incluso imágenes o elementos que hemos podido observar en nuestro entorno y nos han generado tanto malestar que no sabemos cómo quitárnoslos de la cabeza.

54. ¿CUÁL ES LA DIFERENCIA ENTRE FOBIAS Y OBSESIONES?

La diferencia entre las fobias y las obsesiones no reside únicamente en la forma en que funcionan unas y otras, sino también en el modo en que se presentan. Y aunque buena parte de las obsesiones se origina a partir de potentes fobias o miedos irracionales, existe una manera de diferenciarlas.

El mejor modo de distinguirlas es entender que la *emoción que surge* con las fobias es una y siempre es la misma, *la angustia*. Mientras que en las obsesiones pueden darse otras emociones como *la duda, la cólera, la culpa o el remordimiento*.

Si tenemos en cuenta la *actividad mental*, mientras que en las fobias esta actividad es moderada y se da solo en presencia —ya sea real o imaginada— del estímulo que las genera, en las obsesiones la actividad mental es desproporcionada, constante y del todo irracional.

Quienes sufren obsesiones suelen tener también una personalidad de tipo «obsesiva», son personas que dan más vueltas a las cosas, o son más introvertidas y rígidas, meticulosas y analíticas, mientras que las fobias pueden darse en personas con cualquier tipo de personalidad.

55. ¿ES CONVENIENTE REALIZAR TERAPIA SI TENGO OBSESIONES?

El principal motivo por el que surgen y se enquistan las obsesiones se debe al modo en que intentamos hacerlas desaparecer. Seguramente no lo sepas y sin querer hayas contribuido a que nazca una o varias obsesiones. Esta situación no es nada sencillo gestionarla, ya que, si no podemos eliminar estos pensamientos, *¿cómo nos deshacemos de las obsesiones?*

Tanto si sufres obsesiones como si has padecido cualquier otro trastorno, podrás reconocer que muchas veces la mente y el cuerpo no funcionan como nos gustaría. Por ello, cuando esto ocurre, *no existe mejor ayuda que la de quien sí sabe cómo funcionan.*

Un ejemplo que puede ayudarnos a comprender la necesidad de que sea un profesional quien trate las obsesiones es el trastorno obsesivo-compulsivo (TOC), una de las formas más comunes en que se presenta la ansiedad. En este trastorno, las compulsiones son acciones o rituales realizados para intentar aliviar la ansiedad que genera la obsesión, acciones que solo provocan alivio a corto plazo y que, sin que la persona lo sepa, refuerzan y hacen más fuertes las obsesiones.

Por todo esto, si sufres este tipo de ansiedad y no sabes cómo manejarlo, es recomendable realizar terapia para comprender tanto el problema como los motivos y mecanismos que activan y mantienen las obsesiones. Esto te ayudará también a saber cuáles serán las acciones que mejor funcionan para superarlas.

56. ¿CÓMO TRATO LAS OBSESIONES?

Por extraño que pueda parecer, la manera más efectiva de deshacernos de las obsesiones no pasa por intentar eliminarlas. El modo de conseguir que estas ideas recurrentes y angustiosas desaparezcan de nuestra mente es exponiéndonos a ellas de manera gradual, reduciendo el impacto emocional que nos provocan, hasta que de esta manera dejen de generarnos malestar.

Existe un dicho que es a la vez un hecho, ese que dice que *no hay mejor desprecio que no hacer aprecio*, una verdad que debemos aplicar a las obsesiones si queremos que desaparezcan y dejen de molestarnos, ya que, si no nos afectan, terminan por desaparecer. Algo muy sencillo de decir pero no tanto de llevar a cabo…

La terapia más utilizada para tratar las obsesiones es la conocida como *exposición con prevención de respuesta,* un tratamiento cuyo objetivo es exponernos a las obsesiones y a la ansiedad que generan para ir normalizando poco a poco su impacto. Esta terapia, además, nos permitirá diferenciar entre esos pensamientos y miedos, las obsesiones, y la posibilidad de que ocurran, comprendiendo que *el malestar no está en la situación sino en el modo en que esta nos condiciona.*

Superar las obsesiones supone aprender a dejarlas que permanezcan en nuestra mente y reconocer la reacción ansiosa que provocan, para poco a poco restarles importancia y fuerza, haciendo así que esas ideas dejen de generarnos el impacto emocional que hace que se mantengan.

Técnicas como la meditación o el *mindfulness,* la estimulación bilateral o los cuatro pasos de Schwartz son algunas de las mejores acciones que podemos llevar a cabo para tratar de reducir la ansiedad y la angustia que nos genera, e ir exponiéndonos a ellas.

57. ¿EN QUÉ CONSISTE LA EXPOSICIÓN CON PREVENCIÓN DE RESPUESTA?

La *exposición con prevención de respuesta* es una de las técnicas más utilizadas en psicología para tratar algunos trastornos de ansiedad como el TOC o las fobias de impulsión. Su objetivo es modificar el modo en que el paciente se comporta ante las situaciones que le provocan la reacción ansiosa.

Esta técnica se basa en exponer a la persona a la situación que le genera temor excesivo, al mismo tiempo que se previene la evitación de esa situación —una evitación que se da tanto escapando como al realizar rituales para reducir la ansiedad que se siente.

Fijémonos en el ejemplo de alguien que sufre **TOC de limpieza**, y compulsivamente —realizando así una de sus prácticas de evitación— se lava las manos una y otra vez tras haber tocado algo. Aplicando la técnica de *exposición con prevención de respuesta*, el terapeuta le indicará a esa persona que toque conscientemente cualquier objeto, y que note cómo crece la reacción ansiosa en su cuerpo (exposición a sus temores u obsesiones) sin hacer nada por evitarlo, sin lavarse las manos ni realizando ningún otro tipo de compulsión (prevención de respuesta).

El paciente seguramente experimentará mucha ansiedad, pero al final comprobará que nada le sucede. La ansiedad y sus síntomas llegan y se incrementan, y pasado un tiempo se reducen sin provocar ninguno de esos catastróficos daños que tanto temía. De esta manera, cuantas más veces se aplique la exposición con prevención de respuesta a las distintas situaciones que generan ansiedad en esa persona, más se conseguirá normalizar ese tipo de situaciones para vivirlas sin angustia excesiva. Finalmente, llegará un momento en que esas situaciones dejarán de provocar ansiedad o de ser vividas de manera obsesiva.

Realizando esta técnica, la persona dejará de tener la conducta evasiva que le generaban esas situaciones y podrá ir tomando conciencia paulatinamente de que la amenaza no está tanto en la situación como en el modo en que la evalúa y la vive en su mente.

Por tanto, la exposición supone acercarnos a esos temores y atraerlos a nosotros, para que de una manera gradual —por eso es mejor contar con la ayuda de un profesional— podamos racionalizarlos y procesar esa asociación (estímulo-respuesta de evitación) restándole fuerza, normalizándola y comprendiendo que no hay nada que temer.

LOS TIPOS DE ANSIEDAD

A nada en la vida se le debe temer,
solo se le debe comprender.

MARIE CURIE

¿Me estaba volviendo loco? ¿Podía realmente convertirme en eso que odiaba? ¿Podía hacer daño a quien más amaba?

Me costaba recordar y reconocer el origen de todo, en esos meses, cuando intentaba escribir una historia de terror que me habían pedido para las clases de literatura y me zambullí de lleno en el crimen, el terror y la muerte.

Ese empeño por comprender cómo funcionaba la mente del asesino, cuando en mis páginas era él quien tomaba la palabra, hizo —sin saberlo— nacer en mí una angustia tan intensa que se convertiría después en fobia. Sentía un espantoso y descontrolado temor a convertirme en el protagonista de esa terrible historia que estaba escribiendo.

Así nació ese miedo irracional a perder el control y dañar a una de las personas que más quería, una realidad que —aún no lo sabía— tenía mucho que ver con la ansiedad, con una de las formas en que podía manifestarse, conocida como *fobias de impulsión*. Pero *¿qué sucedió hasta que pude descubrir este misterio?*

Lo que sucedió fue que durante semanas y meses siguió aumentando mi ansiedad y continuó potenciándose esta fobia hasta convertirse en obsesión.

Cuánto tiempo, dinero y sobre todo lágrimas me habría ahorrado si hubiera comprendido que yo ni era eso que tanto odiaba ni jamás podría convertirme en una persona así. Cuánta angustia sufrí hasta aceptar que toda aquella amargura era solo ansiedad y que entendiendo el problema descubriría también la solución.

Por fortuna, estás aquí y espero que estas páginas te ayuden a evitar que pases por lo mismo por lo que yo pasé.

58. ¿QUÉ TIPOS DE TRASTORNO DE ANSIEDAD EXISTEN?

Este trastorno puede presentarse de muchas formas, y según el *Manual diagnóstico y estadístico de los trastornos mentales* (DSM-V) existen estos tipos de ansiedad:

- Fobia específica
- Trastorno de ansiedad generalizada (TAG)
- Trastorno de angustia o trastorno de pánico
- Trastorno obsesivo-compulsivo (TOC)
- Trastorno por estrés postraumático (TEPT)
- Fobia social
- Agorafobia

Algunos de los modos en que se presenta este mecanismo de alarma pueden ser tan «aparentemente extraños» como en el caso de algunas fobias, del TOC o del TEPT. Por ello, evaluar las circunstancias particulares de cada uno permite identificar los tipos de trastornos que puedes estar sufriendo para así aplicar con más precisión el mejor tratamiento.

También es muy común sufrir varios tipos de ansiedad a la vez, y comprenderlos y reconocer cuál es nuestro caso particular puede ayudar a aceptarlo y descartar otras preocupaciones o temores parecidos —pero que nada tienen que ver con tu problema.

59. ¿QUÉ ES LA FOBIA ESPECÍFICA?

Ya conoces las fobias, por eso voy a centrarme en el trastorno de ansiedad que se deriva de ellas, las *fobias específicas*, que son respuestas elevadas de estrés o *temor irracional* que experimentamos frente a situaciones u objetos *específicos*, o frente a la anticipación e imaginación de los mismos.

Esta manifestación de la ansiedad es duradera y constante en el tiempo, y provoca reacciones físicas y psicológicas intensas (los síntomas de la ansiedad), que pueden afectar a nuestra capacidad de desempeñar una actividad en situaciones normales, como el trabajo, la escuela o los entornos sociales.

Como sabes, no todas las fobias necesitan tratamiento, pero cuanto más afecten a nuestra vida cotidiana y la limiten, más importante será tratarlas.

Seguramente esta sea la forma más común en que se presenta la ansiedad y uno de los principales motivos por el que muchos hemos corrido a urgencias después de que los alarmantes síntomas nos hicieran temer por nuestra vida. Para reconocer este tipo de ansiedad debemos detectar los indicadores que la caracterizan:

- Nuestra respuesta a ese estímulo o situación es desproporcionada.
- La percepción del daño es demasiado subjetiva e irracional.
- Nos genera evitación, es decir, evitamos esas situaciones o elementos.
- Nos condiciona y limita, generando cambios o dificultades en otras áreas de nuestra vida.

Un temor irracional puede resultar molesto, pero no se considera fobia específica, a menos que produzca una alteración grave y continuada en nuestra vida.

60. ¿QUÉ ES EL TRASTORNO DE ANSIEDAD GENERALIZADA?

El trastorno de ansiedad generalizada, conocido como TAG por sus siglas, suele darse en *personas que se preocupan por casi todo la mayor parte del día y durante un tiempo prolongado* (al menos seis meses).

Para ser diagnosticado con TAG debes sufrir una preocupación excesiva, difícil de controlar y que se acompaña de otros síntomas psicológicos y físicos, pero, además, se tienen que padecer al menos tres de estas alteraciones: *inquietud motora, dificultad para concentrarte, irritabilidad, tensión muscular, cansancio o trastornos del sueño.*

Quienes sufren TAG suelen presentar unos niveles de ansiedad muy superiores a los que parecen lógicos según la situación, y la persona con este tipo de ansiedad es la primera en sorprenderse ante la aparición de esta clase de abrumadores temores en su vida.

Además, las preocupaciones se extienden hacia otros ámbitos, como la familia, el trabajo, el dinero o la salud. También surgen incertidumbres que esas personas —a pesar de ser conscientes de que son desproporcionadas— tienen dificultad para controlar debido a que sufren un estado de hipervigilancia constante, una alarma permanente.

La manera más sencilla de saber si sufres TAG es pensar si tu vida se ha llenado de continuos «y si…». En caso de que en tu mente se sucedan sin cesar todo tipo de preguntas que intenten anticiparse a tu estado de ansiedad, es muy probable que este sea tu caso.

61. ¿CÓMO SE TRATA EL TRASTORNO DE ANSIEDAD GENERALIZADA?

Dado que el TAG provoca un comportamiento excesivamente ansioso en muchas situaciones de nuestra vida, el mejor modo de atajarlo es partir de las situaciones cotidianas y considerarlas de una manera más relajada.

Si nuestro mecanismo de alarma se encuentra hiperactivo por factores genéticos, por el uso de drogas, por circunstancias o experiencias vitales, o por cualquier otro motivo, nuestra mejor acción será intentar calmarlo ayudándonos de herramientas que consigan reducir estos niveles de estrés alterados.

Hacer deporte, aprender técnicas de respiración o meditación, cuidar el cuerpo y nuestro entorno son herramientas que tendrán efectos positivos y directos en nuestra ansiedad, y muchas veces serán suficientes para tratar el TAG. El uso o no de terapia psicológica dependerá del modo en que el TAG condicione nuestra vida.

Aparte de esto, puede ser muy recomendable acompañar la terapia psicológica del uso de fármacos cuando la ansiedad sea excesiva, siempre que el médico lo considere oportuno, no solo para conseguir apaciguarla mientras dure sino también para calmar las emociones que sentimos en nuestro organismo.

62. ¿QUÉ ES EL TRASTORNO DE ANGUSTIA?

Este tipo de ansiedad se da cuando las personas sufren *ataques de pánico*, también llamados *crisis de angustia*, de manera repetida.

Una *crisis de angustia o ataque de pánico* es un episodio repentino de miedo extremo, súbito y muchas veces inesperado, que se acompaña de potentes síntomas físicos, como la taquicardia, palpitaciones, escalofríos, mareo o temblores, y pensamientos negativos sobre estos síntomas, como el miedo a sufrir un infarto, perder el control, morir o volverse loco.

Muchas personas, tras sufrir una de estas crisis, suelen estar muy preocupadas y notan mucha inseguridad, ya que temen que vuelva a repetirse y les provoque un desmayo, queden en evidencia o incluso pierdan la vida. Por ello, su respuesta más común es evitar las situaciones que piensan que pueden tener relación con esos ataques.

El trastorno de angustia está muy relacionado con otros tipos de ansiedad como la agorafobia o la fobia social, ya que muchas personas, al evitar exponerse a esas situaciones que creen que están detrás de sus crisis, terminan por evitar salir a la calle o frecuentar lugares públicos, de modo que se complica su situación y también su problema.

63. ¿CÓMO SE TRATA EL TRASTORNO DE ANGUSTIA?

Cualquiera puede sufrir uno de estos ataques puntualmente. Por ello, para que le diagnostiquen un trastorno de pánico y diferenciarlo de una crisis esporádica, quien lo sufre debe haber tenido de manera continuada varios ataques de pánico en un período de tiempo corto.

Mientras que las crisis de angustia aisladas no suelen requerir tratamiento, cuando a alguien le diagnostican trastorno de angustia puede necesitar psicoterapia, en ocasiones acompañada de medicación para modificar tanto la conducta como la potencia de los síntomas. Esto se debe a que las crisis de este tipo suelen vivirse con una angustia tan paralizante que hace difícil exponerse a esas situaciones que activaron y mantienen el trastorno.

64. ¿QUÉ ES EL TOC?

Las personas que sufren trastorno obsesivo-compulsivo (TOC) tienen pensamientos o ideas recurrentes y persistentes que les producen temor, las *obsesiones,* y comportamientos repetitivos o rituales, llamados *compulsiones*, en un intento por reducir la ansiedad asociada.

Estos comportamientos pueden ser tanto *acciones físicas* como *mentales* y suelen limitar y condicionar en gran medida la vida de quien sufre el trastorno. Un ejemplo muy conocido es el de las personas obsesionadas con la suciedad y la compulsión de lavarse las manos repetidamente, o aquellas que tienen miedo a que les roben y comprueban una y otra vez que la puerta esté bien cerrada.

Otras compulsiones muy comunes son la necesidad de tocar objetos, preocuparse por el orden, revisar cosas continuamente, la simetría, la perfección, o tener dificultades para deshacerse de cosas (acumulación de objetos).

Para reconocer si nosotros o alguien cercano sufre este tipo de trastorno de ansiedad, lo primero es reconocer que existen las *obsesiones*, esos pensamientos, impulsos o imágenes recurrentes y persistentes que se experimentan como intrusivas y no deseadas —muchas veces totalmente impropias de quien las padece—, que causan ansiedad, angustia y mucho malestar.

Aparte de las obsesiones, para sufrir TOC también deben existir las *compulsiones*, esas acciones o rituales que, como decía, son realizadas por la persona para reducir o eliminar la ansiedad que le provocan las obsesiones.

65. ¿CÓMO TRATO EL TOC?

Todas las terapias para el TOC van dirigidas en primer lugar a eliminar las compulsiones, que son esas acciones físicas o mentales que realizamos para intentar reducir la ansiedad que es fruto de las obsesiones, a la vez que tratamos con las obsesiones y nos vamos exponiendo también poco a poco a esas situaciones que nos generan temor excesivo.

La intención es que el paciente no evite las situaciones o elementos que le generan ansiedad, sino que, por el contrario, se exponga a ellas hasta que, paulatinamente, la alteración y los síntomas vayan reduciéndose. Esta terapia, que hará que la razón vaya recuperando el control y evaluando la situación en su justa medida, debe usarse tanto ante los rituales de tipo físico como ante las compulsiones de tipo mental.

El remedio pasa por desasociarse poco a poco de los temores, entendiendo que no tenemos nada que ver con ellos y aceptando las obsesiones solo como pensamientos con los que juega nuestra mente. Es una técnica nada fácil de realizar, por ello la ayuda profesional nos puede allanar el camino.

La práctica nos ayudará a observar que no siempre tenemos el control sobre el modo en que llegan estos pensamientos —de ahí que se llamen «intrusivos»— a nuestra mente, y menos aún cuanto mayores sean nuestros niveles de ansiedad. En esta situación tampoco podremos controlar el modo en que damos vueltas a esas ideas en nuestra cabeza (la rumiación). Por el contrario, seremos capaces de cambiar el modo en que estas ideas nos afectan y deberemos trabajar en esa dirección, ya que, cuanto menor malestar nos provoquen, mejor las aceptaremos y antes desaparecerán.

66. ME HAN DIAGNOSTICADO TOC, PERO NO RECONOZCO NINGÚN TIPO DE COMPULSIÓN O RITUAL FÍSICO, ¿ES POSIBLE?

La idea general que tenemos de las personas con TOC es de alguien lavándose constantemente las manos o dando saltos por las aceras como hacía Jack Nicholson en la fantástica película *Mejor... imposible.* Pero es importante saber que las compulsiones pueden ser tanto acciones físicas como mentales, y que existen rituales menos visibles, susceptibles de pasar desapercibidos y que se dan en las *obsesiones* conocidas como *puras.*

Este sería el caso del *TOC obsesivo puro,* un trastorno que provoca en quien lo padece «compulsiones escondidas» o rituales no perceptibles exteriormente, acciones mentales repetitivas con las que intenta aliviar la ansiedad que sufre.

Entre las compulsiones del TOC obsesivo puro está el *remordimiento*, que lleva a *pensar que se es una mala persona por tener esos pensamientos intrusivos* —aunque no son buscados ni deseados—, *evitar todo aquello que se relaciona con esas obsesiones, o la búsqueda constante de respuestas mentales o de consuelo*. En definitiva, se trata de rituales que no hacen otra cosa que alimentar la obsesión.

67. TENGO TOC, ¿SOY UN BICHO RARO O ES ALGO GENÉTICO?

Se sabe que en el TOC existe un componente genético que puede predisponer a padecerlo, pero que por sí solo nunca será el responsable de que nos afecte. Para que se dé este tipo de ansiedad es necesaria la combinación de los genes con ciertos rasgos psicológicos —como, por ejemplo, la personalidad obsesiva—, y a ello tiene que añadirse también una experiencia vital estresante.

Es importante entender que, aunque podamos actuar de una manera ilógica o extraña debido a este trastorno, eso no supone que estemos locos o seamos un bicho raro. Como hemos visto, en esos casos estaremos condicionados por nuestras emociones y el malestar que los síntomas de la ansiedad nos generan. Debido a ello, al igual que sucede ante cualquier otra forma en que la ansiedad se presente, quizá actuemos de una manera irracional, pero en muchas ocasiones seremos conscientes e incluso podremos ponerle remedio si aprendemos a tratarla.

68. ¿QUÉ ES EL TRASTORNO DE ESTRÉS POSTRAUMÁTICO?

El trastorno de estrés postraumático (TEPT) suele aparecer después de un acontecimiento vivido con un miedo muy intenso, frecuentemente relacionado con la posibilidad de sufrir daños graves o morir. Ante este tipo de situaciones es fácil entrar en pánico o bloquearse en el ámbito afectivo, perder interés o sentirse irritables en un intento por evitar cualquier situación que pueda recordarnos ese trauma original.

El TEPT es un trastorno muy común en excombatientes de guerra, personas que han sufrido agresiones, accidentes o cualquier situación traumática con un fuerte impacto emocional. Quienes lo sufren reviven ese tipo de sucesos en sus pensamientos tanto de día como de noche, tienen pesadillas, y padecen insomnio y otras alteraciones que complican su trastorno.

Es recomendable realizar psicoterapia en estos casos, ya que detrás de esta ansiedad están esas situaciones vividas de manera traumática. Será este el factor que deba tratarse para aprender a gestionar de otra manera esa potente angustia y evitar las limitaciones que esta provoca.

69. ¿QUÉ ES LA AGORAFOBIA?

La palabra «agorafobia» —que procede de los términos griegos *ágora*, que significa «plaza pública», y *fobia*, que significa «aversión exagerada a alguien o algo»— se refiere al *miedo extremo a los espacios abiertos*, como plazas o avenidas, que generalmente están llenos de personas.

La agorafobia es uno de los modos más conocidos y limitantes en que se presenta la ansiedad. Se trata de una complicación en la que aparece un temor extremo a situaciones, lugares o circunstancias cotidianas en las que la persona piensa que tendrá pánico o quedará atrapada, indefensa o avergonzada si algo ocurre. Por ello, la respuesta más común, como sucede ante la mayoría de los tipos de ansiedad, suele ser evitar estos lugares o situaciones.

El miedo puede ser tan intenso que muchas de las personas que la padecen intentan evitar salir de su casa porque consideran que allí están más seguras. Tienen miedo al miedo, y ese mecanismo de reconocimiento de estímulo y sensación de alarma les impide mantener el control de la situación.

Aquellos que sufren agorafobia pueden sentir un miedo irracional a varios tipos de situaciones reales o imaginadas:

- Salir de casa solas.
- Exponerse en actos multitudinarios o esperar en una fila.
- Permanecer en espacios cerrados, como cines, ascensores o tiendas.
- Caminar por espacios abiertos concurridos, como estacionamientos o puentes.
- Viajar en autobuses, aviones o trenes.

Si sufrimos agorafobia es porque distintas situaciones o experiencias nos han llevado a asociar la palabra «peligro» con los lugares abiertos, desconocidos o públicos, y la solución pasará por desvincular estos múltiples peligros imaginados de estas situaciones. En el caso del coronavirus, por ejemplo, una vez superada esta situación o cuando aprendamos a gestionarla de una manera más adecuada, el miedo a contagiarnos si salimos de casa irá desapareciendo paulatinamente, aunque pueda costarnos un tiempo, ya que hemos asociado al interior de nuestro hogar la palabra «seguridad» y tendremos que volver a reconocerla en el resto de nuestro mundo.

70. ¿QUÉ ES LA FOBIA SOCIAL?

La *fobia social* supone un miedo irracional y extremo ante situaciones que implican relaciones sociales, por lo que resulta muy difícil la interacción con otras personas y condiciona mucho la vida de quien la sufre.

Su principal característica es el temor exagerado de la persona a ser juzgada negativamente o quedar en evidencia ante los demás. La exposición a este tipo de situaciones produce una respuesta inmediata de gran ansiedad, que puede manifestarse en una crisis de pánico o en cualquiera de los desagradables síntomas que acompañan al trastorno, como sudor, temblores, palpitaciones o respiración entrecortada.

Hay ciertas señales que pueden ayudar a detectar este tipo de ansiedad:

- Miedo excesivo a situaciones en las que podríamos ser juzgados por nuestros actos.

- Angustia por quedar avergonzado o humillado.
- Pánico a interactuar o hablar con otros.
- Temor a que los demás noten que estamos ansiosos.
- Miedo a tener síntomas que puedan causarnos incomodidad, como sonrojarnos o que nos tiemble la voz.

Cualquier persona puede sentir aprensión, timidez e incluso «temor» a exponerse a ciertas situaciones sociales, pero padecer este tipo de ansiedad nos impide enfrentarnos a ellas por miedo a quedar en ridículo o sufrir un ataque de pánico.

71. ¿CUÁLES SON LAS SITUACIONES Y SÍNTOMAS MÁS COMUNES EN LA FOBIA SOCIAL?

Las situaciones más frecuentes que provocan fobia social en las personas son:

- Expresar desacuerdo, difícilmente saben decir «no».
- Iniciar o mantener conversaciones.
- Interactuar con personas poco conocidas o citarse con alguien.

- Establecer contacto visual.
- Asistir a reuniones o eventos sociales.
- Recibir cumplidos.
- Comer en público.
- Ser el centro de atención.
- Hablar en público.
- Ir a una entrevista laboral.

Los síntomas físicos más comunes en las personas con ansiedad social suelen ser:

- Taquicardia.
- Sudoración.
- Rubor.
- Malestar estomacal y náuseas.
- Dificultad para respirar.
- Mareos o aturdimiento.
- Sentir que la mente se queda en blanco.
- Tensión muscular.

Las situaciones que generan fobia social en determinadas personas, unidas a los síntomas que esta provoca, puede llevar a retraerse socialmente, tener dificultades en el desarrollo de sus estudios o su profesión, o sufrir depresión u otros trastornos. Por ello, muchas veces es fundamental realizar terapia y acudir a un profesional para tratar este tipo de ansiedad.

72. ¿EN QUÉ SE DIFERENCIA LA FOBIA SOCIAL DE LA TIMIDEZ?

La timidez y la fobia social tienen cierto parecido, pero la primera es un rasgo de personalidad o una forma de ser, mientras que la ansiedad social es un trastorno que provoca en quien lo sufre un comportamiento desmedido y extremo ante determinadas situaciones.

Si somos tímidos, podemos llevar una vida normal aunque nos cueste más que a otras personas afrontar algunas situaciones, como mantener relaciones sociales, tener pareja, trabajar en equipo o asistir a clase, o incluso conocer a gente nueva, pero no evitaremos por completo este tipo de situaciones ni afectará a nuestra vida de manera significativa.

Una persona *tímida* es probable que, en determinadas situaciones sociales, tenga cierta ansiedad y esto le provoque algunos síntomas molestos. Pero cuando alguien sufre *fobia social* este problema se presenta constantemente y de manera excesiva, obligándole a retirarse y evitar estas situaciones, lo cual limita su vida social.

73. ¿SE PUEDE PADECER MÁS DE UN TIPO DE ANSIEDAD A LA VEZ?

Esta es una duda muy interesante, ya que uno de los motivos más comunes por el que muchas personas sufren ansiedad en mayor medida y durante más tiempo del necesario es la falta de información. Esta carencia, unida a los extraños síntomas y modos en que puede presentarse la ansiedad, suele impedir que comprendamos lo que nos ocurre.

Por ello ayuda muchísimo conocer las maneras en que la ansiedad puede presentarse, y también aceptar que es muy común sufrir distintos tipos de ansiedad a la vez, ya que existe una estrecha relación entre estos.

Para entender mejor esta relación entre los distintos tipos de ansiedad, debemos ser conscientes de que cuando se sufre ansiedad sin saber cómo tratarla es lógico que se tienda a evitar ciertas situaciones, sin darnos cuenta de que haciéndolo pueden surgir nuevas dificultades, como la fobia social o la agorafobia. Debido a la fuerte relación que existe entre fobias, obsesiones, traumas, ansiedad y pánico, es lógico que una persona pueda presentar más de un trastorno de ansiedad a la vez.

Aun así, no debemos asustarnos en absoluto, ya que, como sabes, *la ansiedad siempre tiene solución*.

EL CÍRCULO VICIOSO
DEL MIEDO

Mi vida ha estado llena de terribles
desgracias, la mayoría de las cuales
nunca sucedieron.

MICHEL DE MONTAIGNE

Finalmente vuelvo a encontrarme bien, ¡ya era
hora! Hoy es uno de esos días en que me doy
cuenta de lo precioso que es vivir y sentirse vivo.
Es tan complicado dejar de tener esos incómodos
síntomas y eliminar esos horribles pensamientos... Por cierto, ahora que lo pienso, *¡voy a comprobar si se han ido del todo!*

Mi respiración parece estar bien. Tampoco oigo ni noto el retumbar de mi corazón. Mis pensamientos parecen normales y, aunque siento algo de hormigueo en las piernas, es bastante menos del que notaba ayer.

Pero *¿seguro que estoy bien?* Creo haber notado un ligero pinchazo en la zona del corazón... voy a controlarlo.

Antes no lo había notado, pero ahora sí. La taquicardia ha vuelto y está aumentando, ese horrible y ensordecedor sonido de tambores parece indicarme de nuevo que debo prepararme para la guerra.

¿Sigo enfermo? ¿Terminará esto algún día? Y esas ideas tan contrarias a mí, ¿van a volver? ¿Podré aguantar este sinvivir o perderé la cabeza?

Estoy muy asustado y todo me da vueltas, me da miedo atraer de nuevo esos feos pensamientos que no quiero volver tener, me hacen tanto daño que no sé si podré soportarlos.

¡Han vuelto! Parecía que todo había pasado pero no es así, continúan persiguiéndome. Creo que no voy a aguantar más, siento que voy a morir, *¡vivir así no tiene sentido!*

> Hoy es uno de esos días que me doy cuenta de lo horrible que es vivir con ansiedad. Por fortuna, puede que mañana todo cambie incluso sin darme cuenta...

74. ¿POR QUÉ LE DOY TANTAS VUELTAS A TODO?

Cuando sufrimos ansiedad rumiamos pensamientos de una manera que en ocasiones resulta enfermiza. Esto, en lugar de solucionar nuestro problema, consigue hacerlo más grande.

Intentar buscar la solución a la ansiedad razonando, intentando descubrir esa idea mágica que resuelva nuestro problema, sería parecido a querer subir una montaña de un salto. Es del todo imposible, puesto que superar este trastorno exige un trabajo constante, un aprendizaje que nos ayude a gestionar de otra manera las emociones y poner en práctica muchas de esas lecciones que aprenderemos por el camino, hasta conseguir realizar esos cambios que necesitamos.

Vivir con ansiedad es vivir alarmados, y si estamos dominados por la alarma nos mantendremos alerta ante esos temores que la activaron. Por ello, reaccionaremos de una manera impulsiva, automática y excesiva a nuestros miedos irracionales, sobre todo cuanto mayor sea nuestra ansiedad y menos hayamos trabajado para cambiar esa tendencia.

Por todo ello, es imprescindible aceptar que cuanto más ansiosos estemos, más pensamientos intrusivos —indeseados y automáticos— llegarán a nuestra mente, y menos control tendremos sobre esa lógica que intenta darles sentido. Poco a poco, nos daremos cuenta de que la mayoría de estos temores no tienen sentido alguno y que ayudados de esas acciones que nos calmen, como la relajación, el descanso, el ejercicio o la buena alimentación, podremos coger al toro por los cuernos y tratar el problema del único modo en que puede tratarse, *sin intentar cambiar la forma en que la ansiedad funciona, sino aprendiendo a cambiar la manera en que nosotros reaccionamos ante ella.*

75. ¿POR QUÉ TENGO PENSAMIENTOS TAN HORRIBLES E IMPROPIOS DE MÍ?

Seguramente te has hecho muchas veces esta pregunta. En mi pasado junto a la ansiedad esto me sucedía a cada instante, y es probable que debido a esta preocupación puedas creer que algo grave te está ocurriendo, ya que, si estuvieras bien, *¿acaso te harías esta clase de preguntas o tendrías estas ideas tan horribles?*

Siento ser un «aguafiestas», pero puedes estar tranquilo. Ni estás loco ni vas a perder la cabeza, sino todo lo contrario. Estás demasiado cuerdo y es por ello que tienes y seguirás teniendo este tipo de miedos.

La mejor manera de que lo entiendas es reconocer que si de verdad tuvieses esas intenciones o fueras eso que expresan tus miedos, en primer lugar no te causarían pánico y seguramente tampoco estarías leyendo este libro. Así que voy a cambiar tus dudas por otras más realistas, ya que la realidad es mucho más sencilla y lógica de lo que a veces creemos, y es probable que a estas alturas del libro ya la conozcas: *si piensas así de mal es porque sufres un trastorno de ansiedad.*

Sufres un desequilibrio emocional por el que tu ansiedad se dispara y se mantiene sin necesidad, una emoción con muchos y muy potentes síntomas que busca ponerte a salvo y protegerte, pero *¿cómo lo consigue?*

Lo consigue manteniéndote alerta, activando la alarma que te hará comprobar una y otra vez si ese peligro sigue ahí o ha desaparecido, que te obligará a controlar una y otra vez tu estado físico y mental, y también el estado de tu mundo. No dejarás de analizar si sigues bien o si en realidad existe un motivo vital o psicológico por el cual esa peligrosa amenaza que lo activó todo debe mantenerse encendida.

De esta manera, y especialmente cuanto mayores sean los niveles de ansiedad y menos recursos tengas para tratarla, tu atención se focalizará en esos peligros potenciales, en ese cambio que tiene lugar en tu organismo, en esa alerta que está activa y deberás aprender a desactivar. Y, como sabes, la lógica tiene muy poco control sobre este tipo de situaciones.

76. ¿QUÉ ES LA DISTORSIÓN COGNITIVA?

La *distorsión cognitiva* es una alteración en nuestra lógica, una especie de «fallo en nuestro modo de razonar» que provoca pensamientos y percepciones alteradas sobre el mundo, el futuro o el pasado. Esta alteración lleva a desarrollar estados de ánimo negativos y complicados como fobias, obsesiones o problemas de autoestima.

En el caso de la ansiedad, nuestra mente hará uso de lo que se conoce como «sesgos cognitivos», que son *atajos mentales que sirven para que podamos reaccionar de una manera más rápida y eficiente ante las amenazas* —ya sean reales o imaginadas— *del entorno*. Se produce entonces esta distorsión en el razonamiento que provoca una interpretación ilógica, instintiva y con poco fundamento sobre la información que percibimos.

Ejemplos de estos «atajos mentales» son la *atención selectiva*, que provoca que prestemos atención a hechos que tienen que ver con nuestros temores; el *sesgo de confirmación*, que nos hace interpretar la información con el fin de confirmar nuestras peores hipótesis, o el *sesgo de familiaridad*, que tiende a que sintamos preferencia por aquello que nos resulta conocido o familiar.

Un buen ejemplo de distorsión cognitiva muy común si sufrimos ansiedad es que podemos tener pensamientos que planteen situaciones negativas como, por ejemplo, «Si voy a ese sitio, me voy a sentir mal o me voy a marear».

Un diálogo interno obtiene la información o el temor a partir de una experiencia almacenada en la memoria emocional, y nos lleva a razonar de un modo básico y casi automático. Sin embargo, solo prestamos atención (*atención selectiva*) a los detalles que puedan tener relación con ese temor, lo cual facilita que cuando suceda algo parecido (*sesgo de confirmación*) reaccionemos con miedo extremo, creyendo erróneamente que esa suposición inicial era del todo cierta.

Cuando la alerta de la ansiedad entra en juego, es en este tipo de pensamientos negativos donde ponemos el foco de nuestra atención, sugestionándonos y seleccionando hechos que puedan certificarnos eso que tanto tememos. Para conseguir sobreponernos a las múltiples distorsiones en nuestra manera de pensar es fundamental reconocer que padecemos un desequilibrio emocional, y que por ello es normal sufrir este problema, una alteración que será mayor cuanto más nerviosos estemos.

Sin embargo, de nada sirve seguir alimentando estas preocupaciones irracionales, ya que no nos llevan a nada. Cuando esto te ocurra deberás hacerte esta pregunta: «¿No sería mejor respirar y tranquilizarme para poder ver la realidad de una manera objetiva?».

Si lo haces —aunque sé que no es ni será siempre fácil—, lograrás reaccionar de una manera efectiva en lugar de seguir alimentando un problema que, como sabes, no tiene solución en tu mente.

77. ¿POR QUÉ DUDO DE MÍ?

Entiendo tu sufrimiento, por eso me gustaría que modificases ligeramente la pregunta de este apartado por esta otra mucho más sincera y objetiva: «¿Por qué cuando tengo ansiedad dudo de mí?».

Ten en cuenta y nunca olvides que todo nace de tu problema, ya que es solo entonces cuando surgen tus pensamientos negativos, miedos, dudas y preocupaciones, más y en mayor medida cuanto mayores sean tus niveles de estrés y de ansiedad.

Es importante que aceptes —como a mí me ha pasado— que muchas de estas dudas pueden generar en ti un sentimiento de culpa muy desagradable, y que esta culpa puede provocar una fuerte angustia y tristeza —hasta el punto de derivar en otros trastornos emocionales como la depresión— si no consideramos que este sentimiento es un pensamiento distorsionado y totalmente opuesto a nuestra realidad. Por ello, cuanto más te limite y condicione este problema, cuantas más emociones negativas y descontroladas sientas, más importante será que des el paso y busques ayuda, ya que no siempre es sencillo abordarlo personalmente.

Como ya sabes, la ansiedad conlleva consigo un cambio en nuestro modo de ser y de comportarnos, y su alarma no solo influye en los síntomas que sentimos, sino también en nuestra conducta, es decir, en nuestra particular manera de razonar y actuar.

Debido a ello, es normal tener pensamientos totalmente opuestos a nosotros —que son los peores miedos—, darle vueltas y más vueltas a todo en forma de obsesiones, hacernos preguntas inadecuadas o dudar de uno mismo.

Las formas en que puede presentarse la ansiedad son muchas, pero esta siempre vendrá de la mano de nuestros peores miedos, que contribuirán a acrecentarla. De ahí que, como es lógico, intentemos evitarlos, eliminarlos o negarlos, sin darnos cuenta de que esa resistencia hará que se intensifiquen.

78. ¿CÓMO PUEDO ELIMINAR O TRATAR ESTOS PENSAMIENTOS NEGATIVOS?

Cuando convives con la ansiedad estás dominado por tus emociones. Por ello, una vez aceptada nuestra situación, tendremos que devolver a nuestro organismo el equilibrio para mejorar esta alteración, realizando cambios y consiguiendo razonar con más calma y objetividad, sin dejarnos arrastrar por la potencia y el descontrol de nuestras emociones.

La manera más inteligente y sabia de no estar condicionados por la ansiedad es aceptar que, mientras sufrimos este trastorno, será normal preocuparnos más, poder culparnos aunque no tengamos culpa de nada, e incluso tener miedos o pensamientos del todo absurdos, negativos e irracionales.

Solo desde la calma podrás recuperar ese control racional que necesitas y tomar conciencia de lo que te sucede. Así pues, tus esfuerzos deben ir dirigidos a mejorar tu estilo de vida, es decir, a reducir lo que te provoca estrés y favorecer una vida equilibrada y más relajada.

79. ¿QUÉ ES EL CÍRCULO VICIOSO DEL MIEDO? ¿POR QUÉ SE DESATA EL PÁNICO O LAS IDEAS CATASTROFISTAS?

Con la ansiedad fluyendo por nuestro organismo es lógico que nuestros sentidos estén constantemente buscando indicios de peligro. Así, de forma consciente e inconsciente, la más mínima señal de amenaza activará de nuevo ese círculo vicioso en el que el miedo es el principal ingrediente y protagonista.

En este trastorno, no solo la taquicardia, la sudoración o la hiperventilación son síntomas, sino también la preocupación, la hipocondría, los temores desmedidos o la sensación de pérdida del control o estar en peligro de muerte. Estos son síntomas tanto físicos como mentales que activan y mantienen la alarma, y nos llevan a temer por nuestra vida de una manera tan catastrofista que muchas veces desemboca en puro pánico.

En la siguiente gráfica intento resumir el funcionamiento de este evolucionado sistema de alarma con el que contamos todos los seres humanos:

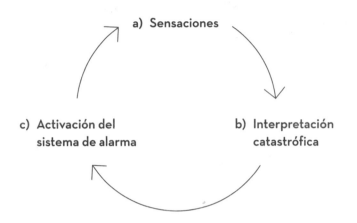

a) Sensaciones

c) Activación del
   sistema de alarma

b) Interpretación
   catastrófica

Como ves en la imagen, (a) los síntomas —tanto físicos como mentales— provocan que interpretemos de manera catastrofista la situación (b). Dicha situación nos llevará a temer por nuestra vida o perder el control, activando nuestra ansiedad (c). Y esto, a su vez, aumentará la potencia de los síntomas (a), retroalimentando y manteniendo este círculo vicioso del miedo activo.

Por ello, si sufrimos este trastorno, y cuanto menos conocimiento y control tengamos sobre lo que nos ocurre, se activará la alarma una y otra vez al interpretar como peligrosa una situación que no

lo es en absoluto, fruto de ese temor y esas sensaciones que sentimos.

80. ¿CÓMO PARO ESTE CÍRCULO VICIOSO DEL MIEDO?

Para detener el círculo vicioso del miedo deberemos tomar consciencia de que el peligro no es real,
sino una percepción fruto del trastorno. Por tanto,
la solución pasa por aprender a experimentar los
síntomas de la ansiedad —tanto físicos como mentales—, conscientes de lo que son realmente —solo es
ansiedad—, sin hacer interpretaciones catastrofistas.

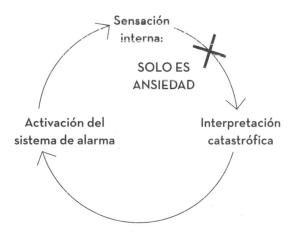

Así pues, cuando admitamos que nos estamos dejando llevar por la ansiedad y sus síntomas, tendremos que actuar. Será entonces cuando necesitemos repetirnos una y otra vez que han sido cientos o miles las ocasiones en que hemos sentido y temido esas mismas ideas o posibilidades catastrofistas, unas situaciones en las que jamás ha ocurrido nada, ya que somos nosotros quienes las hemos creado debido a nuestro estado alterado y alarmado. Llegados a este punto, tendremos que reconocer que «solo es ansiedad».

Existen muchas técnicas que pueden ayudarte a mantener la calma y tomar el control de tu mente. Ejercicios como la respiración diafragmática, técnicas de distracción o la meditación son herramientas que contribuirán a que seas más consciente de ti y de tus sensaciones. Con estas herramientas conseguirás reconocer y romper ese círculo vicioso cuando se activa y hacer que los síntomas no provoquen la interpretación distorsionada que te mantiene ansioso.

Por experiencia propia sé que la ansiedad es duda y rumiación constante, sé que existirán días y semanas en los que consigas repetirte que «solo es ansiedad» y podrás mantenerla a raya, pero también reconozco que habrá muchos otros en los que esta alarma te seguirá arrastrando entre dudas y temores. Yo lo he vivido y puedo decirte que el mejor remedio es no desanimarse y seguir practicando, ya que cuanto más lo hagas, más sencillo te será reconocer la situación *verdadera* y no dejarte llevar por el pánico. Cuanto más trabajes esta aceptación, antes recuperarás el control y podrás disfrutar de tu vida, *con o sin ansiedad.*

81. ¿HACER DEPORTE PUEDE PROVOCARME MÁS ANSIEDAD?

Uno de los mayores temores cuando tenemos ansiedad es sufrir una *crisis de pánico.* Estas crisis suelen nacer después de haber sentido alguno de los síntomas de la ansiedad en nuestro organismo, como una ligera taquicardia, reconocer que comenzamos a hiperventilar o que nuestra mente se sumerge en las peores catástrofes. Todos estos ingredientes activan el *círculo vicioso del miedo*, un mecanismo que se alimenta de temores tanto físicos como mentales hasta alcanzar su máxima expresión, el pánico.

Debido a esta relación entre síntomas y pánico, son muchas las personas con ansiedad que temen llegar a sentir estas sensaciones en su organismo. Por ello, intentan controlarlas constantemente para evitar que sucedan, y para conseguirlo rehúyen todo tipo de actividad que pueda provocarlas, como por ejemplo hacer deporte. Sin embargo, en ocasiones esa evitación y ese temor consiguen lo contrario a lo que se busca.

Cuando sufrimos este trastorno, es normal que nos mantengamos alarmados ante cualquiera de sus síntomas. Por ello, muchas personas, al temer especialmente las sensaciones más comunes, como la hiperventilación, la taquicardia o la sudoración, evitan realizar cualquier tipo de ejercicio o actividad que suponga un esfuerzo, como puede ser el sexo, subir escaleras o correr.

Para entender mejor esta equivocación al relacionar la ansiedad con el ejercicio, deberíamos tener en cuenta que cualquier deporte activa inicialmente nuestro organismo y nuestros sistemas circulatorio y respiratorio, una situación muy parecida a la que se da con la ansiedad pero que no tiene nada que ver con ella.

Todos los estudios concluyen que el ejercicio ayuda a gestionar y reducir los síntomas de este trastorno y que, cualquier persona que haya continuado con el ejercicio sin fijarse solo en la activación inicial en su cuerpo, puede sentir que el organismo pone en marcha después su particular «mecanismo de relajación», haciéndonos disfrutar de más calma y claridad mental, y reduciendo notablemente los síntomas de la ansiedad tanto en el cuerpo como en la mente. De hecho, uno de los principales aliados de la ansiedad suele ser un estilo de vida sedentario, ya que si al bloqueo mental le añadimos el bloqueo físico lo más probable es que aumenten las dificultades para superar este problema.

Por todo ello, no lo dudes, *haz deporte y no temas esa activación inicial en tu organismo, muy pronto te sentirás mejor.*

82. ¿CUÁL ES EL MEJOR DEPORTE PARA LA ANSIEDAD?

El deporte más indicado para tratar este trastorno depende de cada persona, pero los ejercicios de tipo aeróbico son los más indicados, ya que potencian la activación del sistema parasimpático, relajando nuestro cuerpo y eliminando la complicada respuesta ansiosa.

Ejemplos de ejercicios aeróbicos son *correr, caminar o nadar;* estos mejoran la circulación y facilitan el descanso. Los deportes grupales, como el *fútbol* o el *baloncesto*, incentivan las relaciones sociales, mitigan los efectos de la tristeza y contribuyen a reducir la fobia social. Otros ejercicios de menor intensidad, como el *yoga* o el *pilates*, ayudan a controlar la respiración, ganar consciencia, relajarnos y gestionar de manera más positiva el día a día, y son muy indicados para tratar las fobias y las obsesiones.

Antes de realizar ningún tipo de ejercicio te recomiendo que realices una introspección. Piensa en ti, en cómo eres, cómo te sientes y cómo te gustaría sentirte. Si estás triste o decaído, tal vez es mejor elegir un deporte que te llene de vitalidad, y si de paso puedes hacerlo en algún entorno que te inspire o motive, como la playa o la montaña, mucho mejor.

83. ¿ES POSIBLE QUE LA ANSIEDAD DEBILITE MI SISTEMA INMUNOLÓGICO?

La experiencia me ha demostrado que por padecer o haber sufrido este trastorno no soy más propenso a tener otras enfermedades. No obstante, reconozco que del mismo modo que no todos tenemos la misma ansiedad o los mismos miedos, tampoco todos estamos hechos iguales.

Por ello, he investigado esta preocupación y he descubierto que, como es lógico, debido a ese mantenimiento de nuestro mecanismo de alarma activo, cuando nuestro organismo prioriza una posible amenaza también resta prioridad a otras necesidades, como nuestro sistema inmune, por lo que este puede sentirse debilitado, pero siempre levemente.

Es importantísimo entender que en la vida, tanto con ansiedad como sin ella, es fundamental el cuidado personal. Sufrir este trastorno supone un cambio, pero creo que no debemos preocuparnos en este sentido, ya que ningún sistema inmunitario sufre hasta el punto de que pueda desencadenarse una enfermedad grave.

Puede que con ansiedad sea más fácil resfriarse, pero esto no tiene nada que ver con que aumenten las probabilidades de contagiarnos con complicados o letales virus, o de enfermar gravemente por ello. Los problemas más comunes asociados a este trastorno son la hipertensión, cefaleas, problemas gástricos, infecciones de orina, otitis o catarros, problemas musculares y disminución de la función renal, o problemas relacionados con el sobresfuerzo continuo que demanda la activación que provoca el estrés.

En resumen, tu ansiedad puede hacer más comunes este tipo de complicaciones menores. No es nada grave por lo que debas asustarte, pero supone una razón más para aprender a cuidarte.

84. ¿POR QUÉ POR LA NOCHE SE HACEN MÁS FUERTES LOS SÍNTOMAS DE LA ANSIEDAD?

Aunque pueda parecer extraño, el pánico y la ansiedad crecen a medida que se acerca la noche. Es entonces cuando los odiosos síntomas de este trastorno nos asaltan de tal manera que resulta difícil dormir, obligándonos a permanecer despiertos acompañados del pánico, con el desgaste físico y emocional que esto provoca.

Si durante el día, con todo el alboroto, el ajetreo y el movimiento que acompaña la ansiedad, tenemos síntomas como la taquicardia o la hiperventilación, es lógico que en el silencio y soledad de la noche todo esto se amplifique, hasta el punto de que pensemos que el movimiento de nuestro agitado corazón se ha propagado por la habitación en que nos encontramos.

También es lógico que esos síntomas mentales más angustiosos, que durante el día podemos —en ocasiones— combatir ocupándonos con otras cosas, no dejen de molestarnos cuando intentamos dormir.

La ansiedad está hecha de preocupación y alarma —en especial cuanto menos control tengamos sobre ella—, y esa alarma nos mantendrá evaluando constantemente nuestra situación. Evaluaremos nuestro cuerpo y nuestra mente, y cualquier síntoma nos mantendrá en alerta alimentando ese círculo vicioso del miedo que nos acerca al pánico.

Sufriendo ansiedad, sufrimos miedo, un temor que desde niños hemos aprendido a identificar y asociar con la oscuridad; un miedo que vendrá potenciado por esos síntomas que siguen con nosotros, y más si decidimos buscarlos estudiando cómo nos sentimos. Se trata de un malestar que muchas veces intentaremos resolver durante la noche, dando vueltas y más vueltas también a nuestros temores.

Si es tu caso, para afrontar este problema deberás aceptar que es normal sufrir más angustia y temor en la soledad de la noche, ya que, aunque duermas acompañado, en esos momentos estarás siempre a solas con tu mente. Cuando te ocurra esto, en lugar de frustrarte deberás aprender a practicar la calma, relajarte y respirar, reconociendo que la intensidad de tus síntomas es directamente proporcional a tu preocupación; tendrás que ocuparte más y mejor de ti y preocuparte menos de esos miedos irracionales. Para conseguirlo, te aconsejo practicar técnicas de relajación, mantener un horario y leer antes de ir a dormir, o tomar infusiones que puedan mantenerte relajado y ayudarte a conciliar el sueño.

85. ¿POR QUÉ ME SIENTO MUCHO MÁS ANSIOSO CUANDO NO HE DESCANSADO? ¿EL INSOMNIO PUEDE AUMENTAR MI ANSIEDAD?

Muchas personas me han comentado que han notado una estrecha relación entre dormir mal por la noche y el aumento de la ansiedad, así como de la dificultad para gestionar los síntomas. Sé que puede parecer extraño sufrir esos miedos irracionales en mayor medida debido a no haber descansado bien, algo que nos hace pensar, *¿Por qué me siento peor cuando he dormido mal?*

Aunque nos sorprenda, la relación entre el sueño y la ansiedad es muy directa, ya que el motivo por el que se activa y se mantiene esta depende de nuestro estado físico y mental, por lo que es lógico que empeore si no estamos descansados.

Si no hemos descansado bien, es normal pensar peor y mantenerse preocupado, puesto que el cuerpo no dispone de la energía suficiente para tratar la situación en condiciones óptimas. Por ello, la ansiedad puede atacar más y peor cuanto más fatigados estemos, favoreciendo el insomnio, los malos pensamientos, el malestar físico y la falta de energía, un círculo vicioso que se retroalimenta.

Conviviendo con este trastorno, yo mismo pude

reconocer que de nada servía meditar, respirar más lentamente o hacer ejercicio si no descansaba en condiciones, ya que podía rebajar e incluso poner a raya algunos síntomas físicos, pero en el caso de los síntomas mentales, los miedos y preocupaciones se descontrolaban si no había descansado.

Un buen símil para comprender esta necesidad vital es el de nuestro teléfono móvil. Todos sabemos que, de no cargarlo en condiciones, raramente podremos hacer buen uso de él durante el día; pues algo parecido sucede con nuestro tanque de energía cuando nos conectamos al sueño. Lo llenamos por la noche, pero en el caso de no hacerlo bien, no dispondremos de suficiente fuerza para afrontar el día, y si ese día va a ser estresante o complicado —algo muy común si sufrimos ansiedad—, será mucho más importante tener nuestra batería cargada.

Esta energía vital nos ayudará a pensar y actuar de un modo más consciente, y a dar respuesta a necesidades diarias como caminar, trabajar o conducir. Pero también seremos capaces de responder adecuadamente a nuestras preocupaciones y temores o de gestionar mejor nuestras emociones. Puedes estar seguro de que, si aprendes descansar, muy pronto te sentirás con más energía.

86. TENGO MIEDO DE QUE MIS MIEDOS SE HAGAN REALIDAD. SI TEMO QUE ALGO MALO OCURRA, ¿OCURRIRÁ?

Un temor común —sobre todo en personas que sufren un trastorno de ansiedad con síntomas más mentales que físicos— nace de esa sensación tan intensa que notamos en el cuerpo cuando en nuestra mente surgen los peores escenarios y posibilidades. Nuestro razonamiento suele ser: «Si pienso tanto en esto, si lo siento tan intensamente, ¿ocurrirá?».

Es lógico creer que el mismo hecho de pensar repetidas veces en algo, como sucede en las obsesiones o en algunos tipos de fobias, puede estar relacionado con que tengamos intenciones o intereses en que esto ocurra, aunque en realidad es todo lo contrario.

El trastorno de ansiedad surge del miedo; la alarma y los síntomas nacen de los temores, de esas ideas o realidades que no queremos en nuestra vida, como la muerte, la locura y hacer daño o hacérnoslo a nosotros mismos. Estas posibilidades existen en este mundo, pero son realidades que queremos alejar tanto de nosotros que, sin querer, podemos convertirlas en obsesiones al intentar eliminarlas de nuestra mente.

Pero puedes estar tranquilo, ya que cuanto menos malestar te provoquen esos temores, antes dejarán de inquietarte. La solución no pasa por lamentarte, enfadarte o querer echar estos pensamientos de tu mente; la solución pasará por hacerles un hueco a esos miedos y dejarles estar, lo que significa conseguir que no puedan afectarte emocionalmente.

No existe mejor desprecio que no hacer aprecio, *dice el refrán y es el truco perfecto para hacerles un hueco a esos temores irracionales. Aun así, reconozco que resulta fácil ponerlo en práctica cuando uno se encuentra bien, pero es muy complicado cuando vivimos alterados.*

87. ¿PUEDO DEPRIMIRME POR TENER ANSIEDAD? ¿ES LA DEPRESIÓN CONSECUENCIA DE LA ANSIEDAD?

La depresión es, en ocasiones, consecuencia de la ansiedad, ya que la dificultad que supone sufrir este trastorno y su prolongación en el tiempo generan mucha angustia y otras complicadas emociones.

Toda experiencia depende de las dificultades que afrontamos y de las acciones que realizamos para superarlas. Si las dificultades son excesivas o muy dolorosas y no disponemos de las herramientas adecuadas, es normal que esto derive en un trastorno.

Como sabes, el trastorno de ansiedad puede presentarse de diversas formas y generar mayor o menor malestar, y por ello siempre es recomendable realizar terapia cuanto más limitados y condicionados nos sintamos. De esta manera desarrollaremos herramientas que nos ayuden a gestionar esas emociones, tener una actitud más positiva y mejorar nuestro estado de ánimo.

Si la causa de la depresión ha sido la ansiedad, deberemos centrarnos en su tratamiento para atajar todos los problemas derivados de ella.

Recuerda que siempre es recomendable acudir al médico, tanto para recibir un primer diagnóstico como para descartar otro tipo de problemas o saber si debemos realizar terapia. Por ello, si las dificultades ponen las cosas cuesta arriba y a un problema se unen otros, no te martirices ni te culpes. Cada persona es un mundo, con un pasado, unas circunstancias y una realidad diferente, y lo importante no es que nos toque o no sufrir. Lo que marca la diferencia es el modo en que afrontamos los problemas y nos sobreponemos a ellos, y muchas veces no hay nadie mejor que un profesional para ayudarnos a reconocer cuál es el camino que puede convertirnos en esa persona que deseamos ser.

88. TENGO MIEDO A HACERME O HACER DAÑO, ¿SOY UN PELIGRO PARA MÍ O PARA LOS DEMÁS?

El trastorno de ansiedad puede manifestarse en cada persona de una forma distinta. Algunas son tan extrañas, aparentemente terroríficas y angustiosas como las llamadas *fobias de impulsión*.

Muchas personas me han explicado que, de repente, comenzaron a sufrir temores excesivos y constantes, una alarma abrumadora que parecía alertarles de que podían perder el control, enloquecer y hacer daño a un ser querido. Algunas estaban muy asustadas porque eran incapaces de controlar este tipo de ideas —o, mejor dicho, temores—, y pensaban que terminarían haciéndose daño a sí mismas.

Esta reacción en quienes sufren fobias de impulsión genera un temor realmente angustioso, acompañado de un sentimiento de culpa que en muchas ocasiones impide buscar o pedir ayuda, a veces incluso por temor a ser juzgados por ello.

En estos casos la ansiedad se presenta debido a un miedo extremo e incontrolable a perder el control de sus impulsos y cometer ese tipo de acciones. Se trata de una manera como tantas otras en que se manifiesta este trastorno que lleva a quien lo sufre a estar constantemente alerta, evaluándose y evitando ese tipo de situaciones que le generan pánico.

Estas experiencias son vividas con extrema angustia, ya que se teme perder el control y cometer esa locura, algo tan contrario a la persona que la hace dudar siempre, puesto que no puede dejar de pensar en esa posibilidad y, por ello, de sentir la reacción automática en su cuerpo.

Como hemos visto, es imprescindible comprender no solo qué es la ansiedad, sino también cuáles son esas formas en que puede presentarse. Si una persona sufre fobias aparentemente tan extrañas como las fobias de impulsión, será preciso comprender lo que le sucede y descartar que pueda ser una amenaza para la sociedad o para sí mismo. Esto ayudará tanto a reducir sus niveles de ansiedad, como a determinar cuál es el funcionamiento de esta clase de problemas en apariencia tan complicados y a buscar la solución.

89. ¿QUÉ SON Y CÓMO FUNCIONAN LAS FOBIAS DE IMPULSIÓN?

Quien sufre este tipo de ansiedad ha dado a su cerebro la orden de que no se olvide de un riesgo potencial —realmente absurdo e inexistente— para que dispare las alarmas siempre que se den las circunstancias en las que pudiera suceder ese desastre.

Debido a ello, el sistema de alarma de la ansiedad hace que vengan una y otra vez a nuestra mente imágenes o ideas negativas y muy parecidas, particularmente cuando estamos frente a objetos o circunstancias que sugieren situaciones críticas —como cuchillos, sangre o alturas vertiginosas— e incluso palabras o pensamientos que puedan relacionarse con esas posibilidades catastrofistas.

El objetivo y el motivo de que surja este tipo de ansiedad es prevenirse a uno mismo de esa posible impulsión, para en el caso de que se diera la supuesta locura, ponerse y poner a los demás a salvo.

Pero estos pensamientos que tanto pueden confundirnos son consecuencia de ese evolucionado sistema de prevención que es la ansiedad. Se trata de una alarma con unos síntomas físicos y mentales (rumiación, obsesión o alerta) que la persona entiende como si fueran impulsos o pensamientos malignos que la conducirán irremisiblemente a hacer lo que jamás desearía.

Por este motivo es fundamental aceptar que la realidad de quien padece estas fobias es todo lo contrario a las dudas que generan, aunque muchas personas puedan creer que están sufriendo o van a sufrir trastornos mentales de tipo psicótico —en los que se da una alteración de la realidad— como la esquizofrenia.

Si te sucede esto y tienes miedo de volverte loco, reconocer el temor y la angustia que este tipo de temores te provoca debería ser suficiente para tomar conciencia de que eres todo lo contrario a esas posibilidades que tus temores te generan.

90. ¿CÓMO TRATO CON LAS FOBIAS DE IMPULSIÓN?

Es muy importante comprender desde el inicio lo que nos ocurre, ya que si no contamos con las herramientas adecuadas quizá intentemos evitar por todos los medios los temores que se derivan de nuestro trastorno y convirtamos, sin querer, esas ideas en obsesiones, en pensamientos intrusivos y recurrentes que luego será mucho más complicado eliminar.

Si sufres *fobias de impulsión* te aconsejo que acudas a un profesional y sigas sus instrucciones. Es imposible volverse loco o perder el control como consecuencia de este tipo de fobias, aunque temas lo contrario, pero se pasa tan mal que recibir ayuda será tu mejor opción.

Ten siempre en cuenta que la mayoría de las fobias u obsesiones derivadas de la ansiedad solo indican que somos lo opuesto a esos temores, ya que si realmente tuviéramos esta clase de intenciones, no sería el miedo el que nos avisase de ello.

91. ¿CUÁL PUEDE SER EL ORIGEN DE LAS FOBIAS DE IMPULSIÓN?

Este tipo de fobias, como cualquier otro temor irracional, tiene un origen muy lógico y no está relacionado en absoluto con la posible pérdida del juicio, ser un psicópata sin saberlo, sufrir brotes psicóticos o padecer otros trastornos como podría ser la esquizofrenia.

La realidad es mucho más sencilla, pues el origen está siempre en una experiencia vivida o imaginada que nos ha hecho sentir emociones muy potentes. Esta vivencia queda registrada en nuestra memoria emocional como un hecho para tener muy en cuenta, es decir, como una situación que podría poner en riesgo nuestra vida y que es opuesta del todo a nuestros principios.

Es muy común que una noticia, un libro o una película traumática sobre crímenes, abusos o una mezcla de ambos nos impacten emocionalmente de una manera tan descomunal que nos genere este tipo de fobias, y que nos lleve a temer la posibilidad de sufrir o incluso protagonizar situaciones parecidas.

Si la fobia de impulsión nace tras un proceso natural como el descrito, es normal que quien la sufra no entienda los motivos por los que su mente recurre siempre a este tipo de ideas o realidades que no tienen nada que ver con su conciencia. Este intrusismo mental nos lleva a pensar en la posibilidad de que estamos perdiendo el juicio o que podríamos cometer un acto abominable. Y, sin embargo, nada más lejos de la realidad, ya que, justamente porque somos tan opuestos a esas posibilidades, hemos activado nuestro mecanismo de alarma por excelencia para prevenirnos.

92. SI ESTOY ANSIOSA DURANTE EL EMBARAZO, ¿PUEDO TRANSMITIR LA ANSIEDAD A MI BEBÉ?

Las dudas y preocupaciones que nos asaltan cuando sufrimos ansiedad son infinitas, unos miedos que tienen que ver con nuestra vida o con la de nuestros seres queridos. Así que también son muchas las madres que viven angustiadas cuando a su embarazo se une este trastorno.

Si te sucede esto, debes comprender que angustiándote lo único que conseguirás es que aumenten tus niveles de estrés y de ansiedad, por lo que espero ayudarte a que aparques las preocupaciones y estés tranquila.

La ciencia ha demostrado que, aunque la genética predispone, es la realidad de la experiencia la que dispone y hace que una persona sufra un trastorno emocional como este. Además, es importante aceptar que ser una persona predispuesta a sufrir ansiedad no tiene por qué considerarse algo negativo.

Todos podemos convertir esta característica en una ventaja si aprendemos a cuidarnos, a desarrollar herramientas para conservar y mantener la calma y a conocernos mejor. Tanto yo como muchas personas propensas a tener ansiedad podemos asegurarte que esta particularidad nos ha ayudado a crecer y mejorar algunos aspectos de nuestra vida.

Teniendo esto en cuenta, si estás embarazada y sufres ansiedad y te preguntas si podrías transmitirla a tu bebé, debes estar más que tranquila. Tu hijo no tiene por qué padecer este trastorno, pero, en el supuesto de que un día lo sufriera, podría utilizarlo para mejorar muchos aspectos de su vida.

Para tu bebé, más importante aún que el período de embarazo serán sus primeros años de vida, en los que el amor y el respeto que le rodeen servirán para que crezca en un ambiente emocional sano.

Un hijo es como una «fotocopiadora» de todo aquello que decimos y de las emociones que manifestamos. Estas y el modo de gestionarlas también se aprenden, por lo que los primeros años en la vida de nuestro hijo serán los más importantes para su fortaleza emocional.

Si aún tienes miedo de transmitirle la ansiedad a tu bebé, alégrate porque quieres a tu hijo. Aunque todavía estás embarazada, sentirá todo ese amor y buena química que le trasfieres, así que, más que preocuparte, ocúpate de cuidarte y cuidarlo, pues será su experiencia más que sus genes la que marcará la diferencia.

93. NO ME SIENTO PARTE DE LA REALIDAD O ME VEO DESDE FUERA. ¿QUÉ ME ESTÁ PASANDO?

Algunos síntomas de la ansiedad son tan inoportunos que algunas personas se sentirán como si vivieran en un sueño o en una película. La *despersonalización* es uno de esos síntomas, una experiencia angustiosa y perturbadora que provoca una sensación de extrañeza respecto a sí mismo, como si la persona que la sufre estuviera separada de su propio cuerpo. Muchas veces la *despersonalización* va de la mano de la *desrealización*, que es una percepción alterada del entorno que produce sensación de irrealidad, como si se viviese dentro de un sueño.

En ambas situaciones existe una percepción alterada de la realidad, pero la diferencia entre ambas está en que en la *despersonalización* la sensación se refiere al *cuerpo*, mientras que en la *desrealización* es el *entorno* lo que parece alterado.

Es frecuente que quien padece estos episodios tenga dificultades para describirlos y pueda creer que está volviéndose loco. Estas alteraciones suelen deberse a altos grados de ansiedad y estrés, y son más frecuentes en personas que padecen trastorno de pánico, trastorno de estrés postraumático o depresión.

A pesar de ser un fenómeno escasamente conocido y relativamente poco investigado, se cree que cerca de la mitad de los adultos han experimentado uno de estos episodios de forma aislada a lo largo de su vida. Es importante saber que cuando estos sucesos se deben a la ansiedad, una vez superado el trastorno también desaparecen.

94. NO PUEDO PARAR DE COMER DEBIDO A MI ANSIEDAD. ¿ES NORMAL? ¿QUÉ PUEDO HACER PARA RECUPERAR EL CONTROL?

La ansiedad se manifiesta de muchas maneras, así que también son numerosas las reacciones que podemos tener quienes la sufrimos para contrarrestar el malestar que nos provoca. La necesidad de comer constantemente, llamada «hambre emocional», es una manifestación de este trastorno que nos empuja a comer no porque tengamos hambre sino por conflictos que nos llevan a reaccionar de este modo.

El hambre emocional se caracteriza por una necesidad de comer de forma impulsiva e incontrolada. Aunque la persona no sienta hambre, siente que necesita comer para poder satisfacer ese «algo» que le perturba, es decir, un conflicto emocional que no está resolviendo de la manera adecuada.

Esta acción sería una especie de reacción o compulsión —similar a la del TOC— con la que sentimos que comiendo reducimos nuestros niveles de ansiedad. Para superar y gestionar este tipo de ansiedad y el malestar que provoca, debemos aceptar que el problema de fondo es la ansiedad y que es este el trastorno que debemos tratar.

He aquí algunos buenos consejos para mejorar esta reacción cuando surge:

- Hacer deporte, con lo cual reduciremos nuestros niveles de estrés y de ansiedad.
- Comer alimentos que nos sacien, con el fin de reducir esa compulsión.
- Evitar el azúcar y alimentos ricos en grasas para mejorar nuestro equilibrio orgánico.
- Tener un menú diario que nos haga mantener un orden y comprender cuándo nos estamos dejando llevar por la ansiedad.

EL FIN DE LA ANSIEDAD

La ansiedad llega a nuestras vidas
buscando un cambio, el nuestro.

GIO ZARARRI

—Hola, ansiedad, ¿sigues ahí? ¿Por qué continúas estando a mi lado?

—Ahora que me lo preguntas, sí, continúo aquí. **¿Sabes lo que quiero de ti?** Quiero que te hagas más fuerte, que aprendas a conocerte y a sentirte responsable de tu vida. Quiero que seas valiente y derrotes a tus peores miedos para acercarte más a quien realmente deseas ser. Seguiré contigo hasta que aprendas a amarte tal y como eres, a saber decir «no» y a decir también «basta». Voy a seguir a tu lado hasta que dejes de juzgarte y criticarte, de ponerte en duda o no confiar en ti. Sé que resultaré molesta pero, gracias a tu convivencia conmigo, puede que aprendas a no destruirte más... Mis síntomas serán más fuertes cuanto más te abandones, cuanto más permitas a otros que te lastimen o se aprovechen de ti o confíes en que va a ser la fortuna, y no tu trabajo, la que cambiará las cosas. Poco a poco aprenderás del dolor, descubrirás mi mensaje y comenzarás a apreciar lo mucho que vales. Te darás cuenta de que siempre has tenido el poder de sonreírle a la vida, y que, cuanto más lo hagas, más te sonreirá también ella. Por eso estoy aquí, he llegado a tu vida para que seas feliz; no te dabas cuenta pero necesitabas un cambio, y en cuanto empieces a cambiar, dejaré de molestarte.

Atentamente,

TU AMIGA ANSIEDAD

95. ¿CÓMO AFECTA LA ANSIEDAD A MI SISTEMA NERVIOSO?

El sistema nervioso es un mecanismo formado por un conjunto de células, gracias al cual nuestro organismo recibe la información a través de los sentidos para procesarla y después generar una respuesta.

Este sistema consta de dos partes, una que controla las *funciones voluntarias* llamada «sistema nervioso somático», y otra que gestiona las *acciones involuntarias* —las que necesitan de una respuesta rápida y adaptativa— llamada «sistema nervioso autónomo».

Para comprender esta relación entre el sistema nervioso y la ansiedad, debemos saber que el sistema nervioso autónomo se divide a su vez en otros dos subsistemas. Uno es el llamado «sistema nervioso simpático», que nos ayuda a *responder y actuar ante situaciones de estrés y prepara al cuerpo para la acción* generando hormonas como la adrenalina. Y el otro es el «sistema nervioso parasimpático», que nos devuelve a un *estado opuesto al estrés, el de la calma*.

Si se mantiene un equilibrio entre ambos subsistemas, el organismo funciona correctamente, pero si se rompe esta armonía es cuando se activan y mantienen trastornos como el de la ansiedad, debido a una tensión sostenida.

Cuando sufrimos *ansiedad* patológica vivimos dominados por la respuesta del *sistema nervioso simpático*, pero por fortuna esta situación puede equilibrarse, ya que la convivencia de estos sistemas (simpático y parasimpático) es imposible al mismo tiempo. Sabiéndolo, podremos aprender a activar la calma para desactivar la respuesta del estrés, y por ello para gestionar adecuadamente la ansiedad o cualquier complicación emocional, encender esta respuesta de relajación es la mejor herramienta con el fin de devolver el equilibrio a nuestro organismo.

Simplificándolo podríamos decir que el *sistema nervioso simpático* es el responsable de la *respuesta de lucha o huida*, una especie de botón del pánico que, cuando se activa, nos prepara para la acción y nos mantiene en alerta. Este botón puede apagarse si activamos su opuesto, ese *sistema nervioso parasimpático* que devuelve a nuestro cuerpo a su *estado natural de calma*.

96. ¿QUÉ PUEDO HACER FRENTE A UN FUERTE EPISODIO DE ANSIEDAD O PÁNICO?

Seguramente ambos sabemos lo angustioso que es convivir con este trastorno, pero por fortuna también contamos con una buena ventaja y oportunidad que no existe ante muchos otros problemas, la posibilidad de recuperar el control de forma activa y reconocer cuál es nuestra realidad. Si somos conscientes de que esos temores y síntomas son directamente proporcionales a nuestra preocupación y al modo en que nos dejamos llevar por ella, nos daremos cuenta de que tenemos también el poder de cambiarlo.

Aprendiendo a tomar el control, poco a poco podrás decir adiós a tu ansiedad, a la vez que recuperas esa buena lógica que te ayuda a reconocer que ni estás loco ni tu vida está a punto de terminar. Es un objetivo fácil de conseguir, ya que bastan unos pocos minutos y un sencillo ejercicio de respiración para eliminar el pánico y el estrés y lograr recuperar la calma.

Así pues, debido a la relación que existe entre nuestro sistema nervioso y la ansiedad, cuanto mejor aprendamos a activar nuestro «modo relajación» o sistema nervioso parasimpático, con más facilidad apagaremos ese otro botón del sistema nervioso simpático, que es el que nos mantiene ansiosos.

Cuando el organismo se encuentra relajado, nuestro cuerpo suele respirar de un modo más lento, recuperando el aire desde nuestro abdomen en grandes cantidades. Esta manera de respirar es conocida como *respiración diafragmática* y se activa de forma natural cuando nos relajamos, pero también es posible realizarla conscientemente y desactivar así, cuando sea necesario, la ansiedad y sus síntomas.

Personalmente, cuando noto que los síntomas del estrés me dificultan el presente, noto que ha llegado el mejor momento para practicar este tipo de respiración diafragmática y recuperar el control. Esta acción tan sencilla elimina los odiosos síntomas de la ansiedad y me ayuda a reconocer, rápidamente, que yo la controlo. Este control es mayor cuanto más se acostumbra al cuerpo a respirar de esta manera abdominal, por lo que estaremos cada vez más preparados para hacer frente al pánico.

97. ¿MI VIDA HA CAMBIADO PARA SIEMPRE? ¿VIVIRÉ LIMITADO POR MI ANSIEDAD?

Cuando este trastorno llega a nuestra vida nos damos cuenta de que todo ha cambiado, y como todo ese malestar no desaparece por mucho que queramos, tememos que ese cambio sea para siempre. Es complicado entenderlo, ya que podemos aceptar que los temores y los motivos son del todo irracionales, pero no por ello el problema desaparece, sino más bien al contrario.

Seguramente, cuando empezó a manifestarse la ansiedad intentamos echarla con toda nuestra intención, pero nos dábamos cuenta de que, haciéndolo, la ansiedad no solo no se iba sino que se hacía más fuerte. El problema empeoró debido a que las prisas y la frustración que generaba el hecho de darnos cuenta que seguía ahí, hizo que nuestros niveles de estrés aumentaran y con ello también nuestros temores y preocupaciones, un círculo vicioso que estábamos retroalimentando sin saberlo.

Es muy común entonces sentir que este trastorno nos ha cambiado, que no se irá nunca y que no volveremos a ser quienes fuimos ni a poder soñar como lo hacíamos. Se trata de un razonamiento muy lógico pero que la vida nos hará comprender que es equivocado. No volveremos a sentirnos bien hasta que empecemos a tratarnos y a tratar este problema como debemos.

> **Trabajando en ti conseguirás mejorarte, atraer cosas positivas y eliminar esas otras que te hacen daño y potencian tus síntomas.**

Así que si temes que tu vida haya cambiado para siempre debido a la ansiedad, comienza a observar la parte positiva que tiene que pasar por esto, y alégrate porque, una vez superes este problema, te habrás superado a ti mismo.

Seguramente no vuelvas a ser quien eras, ya que te convertirás en alguien mucho mejor, una persona con más recursos, alguien que se conoce mejor y también reconoce lo que desea hacer con su vida.

La experiencia me ha demostrado, y te demostrará a ti, que el último y necesario paso para recuperar ese equilibrio que tanto deseas es hacerse amigo de la ansiedad, aprender a escucharla y comprenderla. De este modo conseguiremos realizar esos cambios que nuestra vida espera de nosotros. Así que, si una de tus mayores preocupaciones es esta, si temes no volver a ser quien eras, te aconsejo cambiar tu pregunta por esta otra: *¿Cómo puedo descubrir y realizar esos cambios que la ansiedad y sus síntomas intentan indicarme?*

98. ¿ES POSIBLE QUE UNA VEZ SUPERADA LA ANSIEDAD VUELVA DE LA MISMA MANERA?

Asegurarte que este problema no va a volver a tu vida una vez superado sería engañarte. Por experiencia propia sé que no siempre es así, y menos aún si somos personas con tendencia a sufrirla, aunque sí puedo decirte que *es prácticamente imposible que vuelva a presentarse de la misma manera.*

Como dije en *El fin de la ansiedad*, la ansiedad no solo tiene *fin* sino también *finalidad*, pues es este el motivo por el que se presenta para que la escuchemos y le hagamos caso. Este mensaje, en cuanto sea entendido y tratado, nos va a ayudar a realizar esos cambios por los que llegó a nuestra vida.

Por todo ello, una vez superas este trastorno acabas entendiendo que ha sido duro y doloroso, pero también que te has convertido en alguien más fuerte, en una persona que se conoce mejor y cuenta con más herramientas, y es capaz de transformar algunas de sus debilidades en fortalezas para afrontar y superar sus peores temores.

Superar la ansiedad supone eso, y una vez lo consigues, una vez sientes que eres tú quien tiene el control y no tu ansiedad, dejas de temerla para siempre. Automáticamente dejas de temer que pueda volver a presentarse, porque si lo hiciera sabes que llegaría con un motivo, volver a mostrarte esos errores, esas situaciones de tu entorno que debes mejorar o cambiar. Superar la ansiedad supone un cambio de mentalidad; por ello, una vez lo consigues, ese aprendizaje lo llevas siempre contigo.

Y de la misma manera que habrás aprendido a observar con otros ojos problemas como este, habrás trabajado de una manera tan obsesiva y constante ese tipo de miedos irracionales que jamás volverán a causarte el mismo daño. Habrás convivido con ellos de una manera tan extrema y excesiva que una vez afrontados y normalizado el impacto emocional que te generaban, será imposible que vuelvan a molestarte de la misma manera.

Puedo asegurarte que puedes estar tranquilo, ya que, una vez superada tu ansiedad, una vez que dispongas de herramientas suficientes y hayas recuperado el control de tu razón, no volverá nunca a presentarse de la misma manera.

99. ¿POR QUÉ LA ANSIEDAD REGRESA CUANDO PARECE HABERSE IDO?

Para responder a esta pregunta es bueno entender —y si lo has vivido te será más sencillo— que este trastorno no es y nunca será un proceso lineal, de ritmo o de tiempo fijo. Cada persona es un mundo y en ese mundo particular existen motivos y circunstancias también propios que activaron el trastorno, elementos que cada uno deberá conocer y tratar para que este mecanismo de alarma pueda desactivarse.

Para desactivar la ansiedad, no hay nada peor que luchar para echarla o negarla, ya que si deseamos con todas nuestras fuerzas eliminarla, nos llenaremos de ira y frustración al no sentir el beneficio, y esta se hará más fuerte.

Si actuamos como es debido, aprendiendo a relajarnos y a gestionar mejor nuestros temores, comprendiendo los motivos y conociéndonos mejor, escuchando esta emoción y realizando esos cambios que nuestra vida espera de nosotros, poco a poco nos sentiremos mejor y llegarán días e incluso semanas en las que prácticamente no percibiremos sus síntomas.

Pero al no ser este progreso de superación lineal, sino más bien discontinuo y con altibajos, cualquier elemento de nuestro entorno que pueda favorecer o aumentar el estrés —aunque parezca no tener nada que ver con nuestro trastorno—, nos puede volver a causar ansiedad.

Por todo ello, para convivir y tolerar mejor la situación, es muy sano aceptar que aunque hagas bien las cosas y haya momentos en los que te sientas mejor, la ansiedad y sus síntomas volverán una y otra vez.

Te tocará aceptarla y aprender a convivir con esta emoción, y cuanta menos importancia le des, poco a poco empezará a desaparecer de una vez por todas.

100. ¿CÓMO PUEDO CONVERTIR A LA ANSIEDAD EN MI AMIGA?

La última etapa de este *duelo vital* supone aprender a tolerar el malestar soportando también sus síntomas, hasta lograr convivir con la ansiedad de una manera más saludable y que nos ayude a eliminar el motivo que activó este mecanismo de alerta.

Por ello, no existe mejor remedio que convertir a este supuesto enemigo en aliado, dejar de ver la ansiedad como a un adversario para pasar a considerarla y aceptarla como amiga, una buena amiga a la que debemos escuchar, ya que puede ayudarnos a comprender todos esos cambios y necesidades que nuestra vida quiere que realicemos.

Sé que lleva mucho tiempo y esfuerzo, y sé que no es nada sencillo y que sería inútil hacerte pensar lo contrario. Pero, al igual que tú, yo también he vivido estas dificultades y puedo decir que es solo con empeño y trabajo como consigues finalmente tomar conciencia de quién eres y cuáles son los motivos que te han llevado a sufrir este problema.

Trabajando en ti podrás observar el cambio y aceptar este trastorno y sus síntomas de una manera mucho más sana, ya que, gracias a esta inesperada y nueva etapa de reflexión, consigues de verdad mejorar muchos aspectos de tu vida.

Esta lección te ayudará a considerar la increíble oportunidad que esconde cada problema, y a observar todos los beneficios que tiene pasar por esto, la ocasión perfecta para trabajar en ti y mejorar tu vida.

Seguramente ya sabes que la ansiedad no deja lugar para medias tintas. También sabes que si no la tratas, o si la evades o la repudias, los síntomas te molestarán cada vez más, y que solo cuando decidas actuar empezarás a notar el cambio.

Con ese cambio conseguirás que el trastorno empiece a desaparecer y a dejar de provocar malestar, al aceptar que su objetivo es ayudarnos a mejorar ciertos aspectos de nuestra vida que necesitábamos tratar. Este cambio de perspectiva hará que toleres mejor sus síntomas, ya que en ellos puedes encontrar la mejor brújula para comprender cuál puede ser tu camino.

Alégrate porque puedo asegurarte que cualquiera que haya superado este trastorno lo ha conseguido gracias a esta gran verdad:

> La ansiedad llega a tu vida buscando un cambio, el tuyo.

Y para conseguir ese cambio, debes pararte a escucharla. Este es el mejor momento para coger un papel y un boli y ponerte a escribir la que será tu propia carta a la ansiedad, un mensaje escrito desde el corazón que podrá revelarte —si estás ya preparado para ello— los verdaderos motivos por los que se ha presentado en tu vida.

Ten por seguro, y tarde o temprano serás tú quien lo confirme, que en cuanto conviertas la ansiedad en tu amiga, va a dejar de molestarte.

¡HASTA PRONTO!

Nadie nace con un manual de instrucciones. Ni tú ni yo sabemos cómo será el futuro o lo que podemos esperar de él, y tal vez sea mejor así, ya que, *¿no es más bonito dar un sentido a tu vida que únicamente buscarlo?*

Pienso que no existe mejor maestra que la vida, como tampoco mejor aprendiz que uno mismo. Y cualquier alumno que intente ser feliz debería empezar por aprender a valorar su existencia de una manera más positiva.

Así fue como yo, mientras luchaba por dar ese sentido a mi presente, comprendí que la vida ni es buena ni mala, sino que más bien es nuestro modo de apreciarla lo que la modela de uno u otro modo. Y, en ese sentido, *¿no crees que es más importante mejorar el modo en que apreciamos la vida que pretender cambiar lo que no depende de ti?*

Te puedo asegurar que si el cambio empieza en ti, poco después cambiará también tu realidad y tu mundo. Es probable que no exista mejor escuela para trabajar en ese arte de apreciar la vida de una manera más sana que la que nace junto a los problemas y las dificultades, es decir, las experiencias que nos toca sufrir.

En mi realidad, una de esas escuelas vino de la mano de la ansiedad. Esta experiencia significó un antes y un después en mi proceso de aprendizaje, aunque fue una situación que inicialmente me puso contra las cuerdas sin dejarme más opciones que actuar. Pero yo tenía que dejar de ser mi peor enemigo, y pasar a convertirme en mi principal apoyo.

Si quería dejar de sufrir, no tenía más opciones, así que comencé a cambiar y a intentar observar la realidad de una manera más sana. Esta actitud me ayudó no solo a superar este trastorno, sino a disfrutar de la vida. Fue una lección que me demostró que tanto el sufrimiento como la alegría dependen únicamente de nuestra propia percepción, y espero haberte ayudado a hacerla tuya.

Este libro supone el fin de una trilogía sobre la ansiedad. Con ella espero ayudar a que también otros puedan poner fin a este trastorno o, al menos, a esa manera negativa con la que conviven con él. De ese modo, podrán apreciar las muchísimas cosas positivas que la superación de este problema puede aportar a su vida.

Creo que todos los que hemos afrontado y superado momentos complicados como este, podemos ser el mejor ejemplo para aquellos que aún no han vivido o no saben cómo tratar este tipo de dificultades. Por ello, me gustaría no solo que aprendas a convivir y superar tu problema, sino también que recuerdes y sepas transmitir este mensaje a muchas otras personas, así como esos aprendizajes que han conseguido hacer de ti la persona que ahora eres.

Reconocer tu propio poder y ayudar a otros a descubrirlo puede contribuir a dar más sentido a tu vida. Aprecia ese dolor que te ha tocado vivir no como un lastre, sino como una oportunidad para mejorar tu vida y la de tus seres queridos.

No olvides nunca que mucho más importante que encontrar un sentido para tu vida, será dárselo, y eso solo depende de ti.

NOTA PARA EL LECTOR

Si has disfrutado de este libro, si consideras que te ha ayudado y/o crees que puede ayudar a otras personas, me encantaría que contribuyeras a difundir este mensaje en las redes sociales. Escuchar a mis lectores y mantener el contacto con ellos es muy importante para mí, por lo que me encantaría saber de ti, tus opiniones o comentarios acerca de cómo te ha ayudado este libro. Por todo ello, estaría encantado de conocerte a través de mis redes sociales y así mejorar también ese entorno en el que vivo, ese *arte de cuidarme. Gracias.*

MIS OTROS LIBROS
El fin de la ansiedad (Vergara, 2019)
El arte de cuidarte (Vergara, 2020)

CONTACTO
www.elfindelaansiedad.com
 El fin de la ansiedad
 @elfindelaansiedad / @giozararri